E. DEVELLE

Une Paroisse de Loir-et-Cher
pendant la Révolution

Saint-Nicolas de Blois

(Illustrations hors texte).

GRANDE IMPRIMERIE DE BLOIS
22, rue du Poids-du-Roi

1919

E. DEVELLE

Une Paroisse de Loir-et-Cher
pendant la Révolution

Saint-Nicolas de Blois

(Illustrations hors texte).

GRANDE IMPRIMERIE DE BLOIS
22, rue du Poids-du-Roi

1919

AVANT-PROPOS

Nous avons trop longtemps négligé de
reconstituer le passé de notre France catholique quant à ces dix dernières années du
XVIIIᵉ siècle qui furent pour un grand nombre de prêtres et de fidèles une nouvelle ère
des martyrs. A peine a-t-on gardé le nom des
suppliciés, des prêtres condamnés à la déportation et aux pontons de la Charente.

Quant à mettre en lumière tout ce qui se
dépensa alors d'héroïsme secret pour conserver la pureté de la foi, on semble n'y
avoir pas même songé à l'époque où tant
de témoins auraient pu déposer, c'est là
une perte irréparable; le recul sans doute
n'était pas encore suffisant pour qu'on pen-
sât à écrire l'histoire. Et, ce qui est non
moins regrettable, on a vu surgir de divers

côtés d'indécentes apothéoses, faisant au
clergé constitutionnel, à des assermentés
impénitents et par conséquent schismatiques un relief qui les met au dessus de
leurs collègues restés fidèles.

Sous la plume d'écrivains ignorants et
frivoles, le clergé d'État s'est ainsi trouvé
auréolé, représenté comme le type du véritable courage et comme le défenseur de la
foi. Il manque à cette classe d'hommes un
sens, le sens chrétien, celui de la dignité
d'une conscience catholique; et si nous
leur abandonnions le monopole de l'histoire, il y aurait un jour, dans le jugement
de l'humanité, une déformation grossière,
allant jusqu'à l'injustice en ce qui concerne
les victimes et les vaincus de la Révolution:
ce serait l'histoire à rebours.

C'est pour lutter contre ce torrent d'erreurs, tout autant que pour l'édification des
fidèles que j'ai rassemblé les éléments de
cette Notice en laquelle on trouvera, comme ne un raccourci exact, le tableau de ce

que furent alors les paroisses de France, avec leur groupe de fidèles intrépides et de prêtres admirables. Tous les catholiques sont intéressés à connaître la vérité sur ces faits: il n'est pas de famille chrétienne qui n'ait collaboré aux épisodes de ce drame douloureux; et l'on rencontre ici, comme aux origines du christianisme, tous les rangs sociaux rapprochés par une même foi et par une commune générosité, quand il s'agit de cacher des prêtres ou d'entretenir le culte clandestin, en un mot de tenir tête à toutes les forces de la malice humaine, déchaînées à cette heure sur la France.

Blois, 360e jour de la grande guerre en la fête de Sainte Marthe 1915.

E. DEVELLE.

Sources consultées. — La plupart des renseignements qui ont servi à la rédaction de cette Notice sont tirés des Archives Départementales (Série L) et Municipales. Chaque page, si nous le voulions, pourrait être chargée de nombreuses références aux registres et aux dossiers divers qui constituent ces dépôts. Il nous a paru préférable de nous en tenir à cette indication générale, sauf pour les documents d'un intérêt exceptionnel. — Quant aux autres sources auxquelles nous avons eu recours : mémoires, manuscrits, archives de la paroisse ou d'ailleurs; elles sont indiquées dans le texte.

I

LES DERNIERS JOURS
DU VIEUX SAINT-NICOLAS

La paroisse de St-Nicolas avait jadis pour centre une modeste église, située hors de l'enceinte fortifiée sur la crête du coteau qui domine le quartier du Foix, entre l'allée des Lices et les degrés qui portent encore son nom. Nous connaissons peu de choses sur son caractère architectural, disons seulement qu'elle possédait trois nefs comme Saint-Honoré, et une double tour sans couronnement. La Révolution condamna à la destruction ce monument dont il n'existe plus aujourd'hui la moindre trace.

C'est là que depuis bien des siècles, se donnaient rendez-vous les fidèles pour les exercices du culte, lorsque la Révolution à son début entreprit le bouleversement de

l'ancien organisme religieux et le remanie-
ment des paroisses de la ville de Blois.

D'après les renseignements des registres
d'église comme à la seule inspection topo-
graphique des limites territoriales, il est
facile de constater que la très grande majorité de la population se composait, aux
siècles passés, de cultivateurs, de vignerons habitant le coteau qui s'étend de Blois
aux Grouëts ; sans parler de la tribu nombreuse des mariniers et des pêcheurs éta-
blis à proximité de l'île du Foix.

Malgré cela, aux jours célèbres de l'horlo-
gerie blésoise, plusieurs des maîtres en renom, comme les Vautier, les Lemaindre les
Rou et les Cuper, avaient leurs ateliers dans
le quartier du Foix, et plus d'un s'honora
de porter au XVIIe siècle le titre de mar-
guillier de Saint-Nicolas. C'est à l'ombre
de cette vieille église encore que Mme Gu-
yon si connue pour son exaltation mystique
vint achever, en 1717 sa carrière tourmen-
tée

Saint-Nicolas eut l'honneur de participer
aux magnificences des pompes religieuses
qui se déployèrent dans la cité royale, à
l'ouverture des Etats-Généraux de 1576, et
tous les députés des trois ordres y vinrent
en corps faire leurs dévotions et communier;
c'est ce que nous apprennent les mémoires manuscrits laissés par l'un d'eux:

« Le 2 décembre 1576 les trois ordres se
rassemblèrent dans l'église Saint-Nicolas
par une bonne dévotion et ordre honneste.
Monsieur l'archevesque de Vienne dict la
messe et fit l'office auquel la plupart de
Messieurs les Archevesques, Evesques, Ab-
bés et aultres de l'ordre ecclésiastique as-
sistèrent comme Messieurs de la noblesse
et du tiers étast; lesquels ecclésiastiques tenaient le milieu en recepvant le sacrement;
la noblesse, la main dextre; et le tiers-
état la senestre; les ungs avec les aultres
et par ordre.

« Ung jeune homme agé de 25 ans et
ecclésiastique gentilhomme y fit le ser-

mon...». *Journal* de P. de BLANCHEFORT, (MS. de la Bibl. de Blois).

Au temps des premiers Valois, la paroisse avait été, de la part de Robert Juston « Conseiller et maistre d'hotel de la Reine » l'objet d'importantes libéralités (A. D. — Testament de 1518) : et « chaque jour de l'année », en souvenir de cet insigne bienfaiteur, y était dite une « messe basse appelée la messe de l'eschanson » (Reg. de Marelle) ; sans compter les services annuels des Quatre-Temps auxquels « quatre échevins et le clerc de ville » étaient tenus d'assister.

Jusqu'à l'époque de la Révolution Saint-Nicolas garde une organisation religieuse très vivante, avec ses écoles et ses diverses associations. Les vignerons se groupaient sous la bannière de S. Vincent ; les bateliers sous celle de S. Clément. Une Confrérie du Saint-Sacrement de date ancienne contribuait par les libéralités de « ses Procureurs » aux « dépenses de la Procession »

annuelle (Reg. de Marelle, 1691) et aux
pompes du culte eucharistique ; tandis que
la « frairie de Saint-Marcoul » attirait vers
ce sanctuaire le concours des pélerins. Il
était dû de ce dernier chef à l'un des
employés « pour la quête et les sonneries
du premier jour de may » une somme de
3 livres (Ib. 21 oct. 1736).

La « Charité de Saint-Nicolas » gérée
par les religieuses de Montoire entretenait
les écoles et distribuait les secours aux indi-
gents. Je remarque-même que cette aumô-
ne se faisait assez souvent sous la forme
discrète d'un secours par le travail, ce qui
est fort louable ; les religieuses achetaient
du chanvre, et le donnaient à filer à de pauvres femmes, après quoi on le revendait
ou on le donnait à mettre en œuvre chez
le tisserand.

Quant à l'instruction des enfants, la
paroisse n'avait pas attendu jusqu'à cette
époque pour la vulgariser. Un registre
récemment découvert atteste que dans les

premières années du XVI⁰ siècle (1523),
et sans doute bien antérieurement, « des
écoles » étaient établies dans le quartier
sous la direction de « Messire Nicole Guillemyn », lequel se qualifiait en effet : « régent des escholes du Foix ».

Enfin pour terminer ce bref aperçu des
fastes de l'ancienne paroisse, il convient
de signaler encore une dernière institution
jadis célèbre, et qui paraît y avoir été des
plus florissantes ; je veux parler de « la
*Confrayrie des Trespassez establie dans
l'église de Monseigneur Saint-Nicolas* »
(Registre des comptes de 1520 à 1526).

Elle possède, comme toutes les institu-
tions analogues « son petit coffre à deux
clefs ou l'on met les lettres, l'argent quand
y en a », et tous les papiers. Un des
piliers de l'église, sans doute à proximité
de la chapelle où se font les Services, porte
le nom de « pilier des trespassez ».

Chaque semaine un prêtre est chargé
de célébrer « la messe ordinaire du lundi

pour les confrères de ladite confrayrie ».
En 1523 ce ministère était confié au prêtre « Nicole Guillemyn » que nous venons
de citer, et dont voici une décharge authentique : « L'an mil. V. cent vingt trois le
second jour de novembre, Maistre Nicole
Guillemyn prêtre, régent des escholes du
Foix a confessé avoir reçu de Jehan Moreau
et Guillaume Palluel procureurs de la confrairie des trépassez instituée en l'église
Mons. S. Nicolas la somme de 65 s. t. pour
une demy année de la messe ordinaire du
lundi de lad. confrairie... » (MS. de 82
pp. aux Archives municipales).

Outre cette messe de chaque semaine
la confrèrie multiplie à toute occasion les
cérémonies : elle a pour cela un personnel
complet : prêtres, petits clercs, sonneurs,
avec « deux procureurs en charge » qui
gouvernent la dépense (1). Quatre fois par

____

(1) On dispose pour ces offices de tout un mobilier :
les « eschellettes », le « serquz des trépassez » que
« Françoys le serreuryer » regarnit de ses ferrures

au, depuis la fondation de Robert Juston,
à l'occasion « des Quatre-Temps » il se
célèbre, au compte de « la boite » des trépassés, un office solennel comprenant
« Vigiles, et Grande Messe à diacre et sous
diacre ». Le même fait se reproduit au
jour de la Toussaint, au jour des morts ; etc :
et je ne parle pas des nombreuses « messes
basses » que chaque mois l'on fait acquit-
ter, et des services périodiques « pour les
bienfaiteurs et la boête ».

Quant au nombre des confrères il paraît
avoir été élevé puisqu'un article des comptes porte une allocation spéciale « à celui
qui a escrit les noms et surnoms de la frairie des trépassés » (même Reg.).

Si j'ai cru devoir insister sur ces démons-
trations de la piété populaire à l'égard des

---

en 1525, le « poële » des morts, et tout l'attirail
requis pour un abondant « luminaire » (Ib). La place
occupée par le « sonneur » dans ces comptes s'expli-
que par l'usage si longtemps conservé des glas inter-
minables annonçant les offices funèbres.

morts, c'est que l'existence d'un tel mouvement dans la cité des Valois, alors le cœur et le centre du pays, à l'époque même où Luther allait déchaîner les fureurs de la Réforme contre la Messe, le Purgatoire et la prière pour les trépassés, témoigne nettement en faveur de la supériorité du sens catholique, en notre milieu français. Et, à ce point de vue, le document que nous signalons possède, une valeur à la fois historique et apologétique qui ne doit pas être négligée.

Je signalerai encore dans ce même ordre d'idées un touchant usage qui existait à Blois sous les rois Louis XII et François Ier, celui de réveiller chaque semaine dans la nuit du dimanche au lundi la population endormie l'invitant, au son « de la clochette, à prier Dieu pour les trépassez » : ce que l'on appelait « crier la paternostre » (Arch. mun. Compte de 1518).

Lorsque parut la loi qui exigeait de tous les ministres du culte le serment de fidélité à la *Constitution civile* du Clergé, (Voir document annxe n° 1) la paroisse avait à sa tête, comme curé, l'abbé Gallois, et pour vicaires MM. Cormier et Hatri ; qui tous les trois s'y refusèrent. Mais ces deux derniers céderont ausitôt la place à des prêtres plus jeunes et inconnus des Administrations civiles ; mesure qui dut rendre plus facile l'exercice du ministère.

Sans vouloir anticiper sur le récit des faits, disons tout de suite que parmi tous les ecclésiastiques du Diocèse l'abbé Gallois était l'un des plus justement estimés, comme le montrera tout à l'heure le choix que fit de lui l'Evêque de Thémines pour être l'un de ses représentants durant les longues années d'exil. Originaire de Beauce. et né d'une famille de cultivateurs aisés, M. Gallois avait fait ses études au collège de l'Oratoire de Vendôme et suivi avec succès les cours de droit canonique de l'Université d'Angers où il obtint le bonnet de docteur. Il était en 1791, au moment ou la persécution le frappa, dans la force de l'âge, 48 ans, et gouvernait la paroisse depuis 1785.

Les derniers délais accordés pour la prestation du serment laissant plusieurs mois de répit au pasteur, il en profita pour préparer les fidèles aux rudes combats qui les attendaient, et réagir contre les menées schismatiques de plusieurs, ce qui lui valut de la part des Administrations et du Club un renom d'agitateur dont il avait bien le droit d'être fier. Sa peine ne fut pas perdue, on le verra plus d'une fois au cours de ce récit ; et les catholiques de Saint-Nicolas ne redoutent avec aucune autre paroisse la comparaison en fait de courage chrétien et d'esprit d'organisation, durant l'ère à jamais mémorable que nous allons parcourir.

Mais que d'amertumes, que d'épreuves enduraient les pasteurs encore en fonction ; à chaque instant c'était un nouveau contrôle de l'autorité civile dans les affaires ecclésiastiques : établissement d'inventaires de toute sorte, déclaration de revenus, reddition de comptes ; car il fallait que tous les papiers fussent prêts pour le jour de la grande spoliation qui déjà s'annonçait à des signes sur lesquels on ne pouvait se méprendre.

D'autrefois c'est à des prêtres sans scrupule que le clergé fidèle devait tenir tête, pour ne pas se laisser déborder, car les hommes qui dans l'Église marchaient avec le gouvernement, se sentant soutenus, payaient d'audace. Dès 1790 un certain nombre avaient déjà pris parti ; mais les plus remuants, sans contredit, étaient les anciens religieux, qui échappés des couvents à la faveur d'une *loi libératrice,* comme ils disaient, promenaient dans le pays leur désœuvrement, affichant scandaleusement la rupture de leurs vœux.

Leur irritation contre l'Évêque de Thémines était grande, car il leur avait, dans un écrit public, rappelé à tous le devoir.

n'admettant pas le moindre manquement aux vœux de religion, et refusant absolument d'incorporer au clergé séculier pour les travaux du ministère, ceux qui s'en étaient rendu coupables.

Déjà le 27 avril 1790, c'est-à-dire un an avant l'expulsion de l'Evèque, le prieur des Jacobins de Blois se plaignait amèrement de cette dernière mesure auprès de l'Administration municipale : « ce bienfait que l'Assemblée nationale leur a accordé en leur rendant la liberté, serait, disait-il, altéré, si les évèques, à l'exemple de celui de ce diocèse, refusaient d'employer ceux qui voudraient se destiner au ministère ».

En attendant, ils essayaient de forcer la porte des églises et de s'y installer comme des ayants droit. L'un d'eux par exemple, à la fin de 1790 ; se présentait chez les Dames carmélites et entendait être admis à y célébrer la messe, c'était Pioche, le célerier de Saint-Lomer, qui, mécontent de leur refus porte plainte aussitôt au Département et l'affaire va jusqu'à l'Assemblée nationale (10 décembre). A Saint-Nicolas, un collègue du précédent, Morillon voulait lui aussi s'imposer, prétendant obtenir une place au chœur à l'office de Noël (1790), bien que revêtu du costume des prêtres séculiers et du rochet, au lieu de son habit religieux; mais partout il se heurta à la fière intransigeance de l'abbé Gallois, qui, partageant toutes les vues de son Evêque, lui barrait la route. Aussi l'ex-religieux ne vit-il, d'issue à ces difficultés qu'en dénonçant le curé à l'Administration du Département (31 déc. 1790); ce qui n'eut d'ailleurs aucun succès.

Une dernière épreuve attendait l'abbé Gallois dans ce vieux sanctuaire que déjà il savait voué à la destruction, et où il continuait encore, dans les premiers mois de 1791 l'exercice de ses fonctions pastorales; la Municipalité y vint officiellement le 25 février comme dans les autres paroisses promulguer devant le peuple assemblé la Constitution civile du Clergé, préparant ainsi l'opinion à l'idée des assemblées électorales qui allaient dans un avenir prochain renverser pour défaut de serment tous les pasteurs fidèles: il fallut dévorer l'affront et subir l'inévitable.

Déjà quelques jours auparavant la cathédrale en avait connu un plus grave encore. et ses voûtes avaient retenti des acclamations qui proclamaient Grégoire évêque élu de Loir-et-Cher. (Voir doc. annexe n°2)

C'était la prise de possession du schisme dans le pays. Le vieux Gallicanisme qui si longtemps avait opposé les droits du pouvoir souverain à ceux de l'Eglise, donnait aujourd'hui la main à la révolution et trouvait là son aboutissement imprévu: l'Eglise de France se suicidait par ses propres principes.

Mais si aux yeux des partisans de l'ordre de choses qui s'inaugurait l'autorité légitime perdait alors de son ancien prestige, elle n'en devenait que plus sacrée ansd le groupe des vrais catholiques: et ils étaient nombreux ici. L'esprit paroissial s'affermit devant la menace, et l'on vit les ouailles se serrer autour des pasteurs, multipliant envers ceux qu'une loi inique allait sacrifier les protestations de fidélité et les démarches les plus courageuses.

Ce sera-là le revers de la révolution : et c'est de ce côté qu'il faut regarder, si l'on veut se délasser des turpitudes que bientôt elle va étaler d'un geste féroce; on y verra une autre humanité. rachetant. dans la générosité le sacrifice et l'héroïsme, tant de lâchetés, de bassesses et de crimes Telle fut l'attitude constante des fidèles de Saint-Nicolas durant les mauvais jours.

En voici un premier témoignage que l'on pourrait qualifier d'officiel, puisqu'il est consigné dans les documents administratifs du temps.

C'était au début de l'année 1791. de vagues rumeurs circulaient dans la ville. on y parlait de la fusion de plusieurs paroisses, d'églises supprimées, de nouvelles circonscriptions, que l'Evêque de Thémines pressenti avait refusé de contresigner. Deux paroisses seulement étaient conservées sur la rive droite. En revanche on songeait à créer des chapelles de secours « à Bourgmoyen, à l'hôtel Pasquier, à l'Ermitage », et d'autres encore pour la cathédrale (L. 966 bis). Bien renseignés par leurs prêtres, ou par d'autres encore mieux au courant peut-être, les fidèles de Saint Nicolas savaient que leur église, comme celles de Saint-Martin, de Saint-Sauveur et de Saint Honoré était menacée, et leurs pasteurs voués à l'expulsion pour refus de serment. Dans la circonstance, c'est aux femmes que revint l'honneur de prendre l'initiative de la protestation: un groupe décidé se porta donc au Directoire du Département, et, le 9 février 1791, envahit la salle en laquelle l'Administration était en séance, jetant à la tête de ces magistrats ahuris leurs revendications.

Fort heureusement le procès-verbal de la
réunion nous en a conservé le texte sous
le titre : « Demande des femmes du Foix ».
C'est comme l'explosion d'une colère longtemps contenue; on y sent passer un souf-
fle de passion et d'emportement étranger
à toute rhétorique, je le veux bien, mais
on en doit respecter la sincérité, et y reconnaître aussi cette ardeur, cette noblesse
de sentiments que l'âme populaire en France
a toujours tenus en réserve, cette résistance enfin dont elle donna tant de preuves
au XVIe siècle lorsqu'elle fit reculer le pro-
testantisme près d'escalader les marches
du trône.

Elles étaient six, et quatre d'entre elles
nous sont connues par leur nom, les dames
Guépin, Labbé, Beaujouan et Chon : « Six
femmes introduites, raconte le procès ver-
« bal, ont dit qu'elles étaient instruites
« que l'Administration était dans l'inten-
« tion de supprimer la paroisse Saint-Nico-
« las, qu'elles étaient contentes de leur

« curé, de leurs vicaires, de leur évêque. »

Payant d'audace, la dame Guépin se fait alors le porte-parole de ses compagnes et continue de plus belle : « ajoutant qu'elle
« avait quatre enfants. mais qu'elle parta-
« gerait son pain entre eux et ses pasteurs
« s'ils n'avaient pas de pain » ; après quoi, « toutes ont dit qu'elles se propo-
« saient de nourrir leurs pasteurs s'ils
« n'avaient pas de pain, et ont demandé
« avec véhémence la conservation de leur
« paroisse, de leur curé et de leurs vicaires,
« et ont menacé de malheurs si on s'obs-
« tinait à la suppression projetée. Elles
« ont dit qu'elles seraient soutenues par
« des mariniers, et coupées en morceaux
« plutôt que de se séparer de leurs pas
« teurs ».

Leur démarche ne manqua pas d'attirer sur elles les regards du parti avancé, et plus tard, au temps des incarcérations, le Comité central aura soin de signaler dans ses notes : « la Guespin et la Labbé,

femmes très suspectes, demeurant au
Foix. »

Quant à leur intervention actuelle, est-
il besoin de l'ajouter, elle ne pouvait être
appréciée à sa valeur par ces hommes que
le torrent emportait et qui ne se sentaient
ni la volonté ni la force d'entraver le cours
des événements. Ils renvoyèrent donc ces
courageuses femmes sans un mot d'espoir,
les avertissant seulement « de présenter
leur demande par écrit » : et pour éviter
le retour de scènes analogues, après les
avoir « congédiées », ils enjoignirent à
« M. M. les officiers municipaux de man-
« der les nommés Guépin, Labbé, Beau-
« jouan et Chon, maris de quatre d'entre
« elles, et de leur recommander de veiller
« sur leurs femmes et de les maintenir en
« paix et tranquillité » (L. 114).

Les choses en restèrent donc là ; et dès
que Grégoire, arrivé en cette ville, eut
pris connaisance des projets de l'Administration sur cet objet, le doute ne fut plus

possible, il apparut clairement que les jours de la vieille église étaient désormais comptés : on continua néanmoins de s'y réunir jusqu'au 2 avril 1791 ; ce jour-là M. Gallois y faisait encore les fonctions de sa charge, comme l'atteste un acte officiel signé de sa main : ce devait être le dernier.

A cette date-même, l'intrus de concert avec les autorités civiles fermait l'église et transférait le titre paroissial de Saint-Nicolas à Saint-Lomer que les religieux avaient depuis quelque temps abandonné. Aussitôt, le Directoire du Département, prenant en considération « l'Ordonnance rendue ce jourd'huy par M. l'Evêque de ce département portant interdiction des paroisses Saint-Honoré, Saint-Sauveur, Saint-Martin (Voir docum. ann. n° 3) et Saint-Nicolas », arrêtait « que les portes en seraient fermées, et les scellés posés ».

Désormais le vénérable monument n'avait plus qu'à attendre la mise aux enchères comme bien national, et il disparut comme tant d'autres au cours de la Révolution.

L'abbé Gallois en jetant un dernier regard sur sa chère église dont on lui interdisait pour jamais l'accès, eut du moins la consolation de penser que l'enceinte n'en avait pas été profanée par les cérémonies du culte schismatique ; et recommençant l'histoire des premiers âges, il descendit avec son peuple aux catacombes, continuer en secret l'exercice du culte dans les cachettes qui, dés lors s'organisèrent sur la paroisse.

A peine écarté de sa cure, d'autres mesures violentes l'attendaient ; et il fut un des prêtres que les clubistes dénoncèrent comme semant la discorde dans le pays, par l'appui qu'ils donnaient publiquement à l'évêque légitime quelque temps resté à Blois en face de l'intrus.

Il n'y avait aux yeux de l'Administration départementale aucune solution à ces complications sinon dans une vigoureuse offensive contre l'Evêque Thémines et ses partisans les plus en vue ; le 7 avril 1791 le procureur général syndic résumant tous les griefs vrais ou faux qu'il avait pu recueillir, conclut donc à l'expulsion immédiate de l'évêque (Voir doc. ann. n° 4), et d'un certain nombre de prêtres insermentés, parmi lesquels étaient le curé de Saint-Nicolas, l'abbé Saunier plus tard guillotiné, l'abbé Menard eudiste du séminaire, etc., « dénoncés, disait-il, par la voix publique comme les principaux auteurs des troubles ».

La mesure fut exécutée ; mais levée presque aussitôt (27 avril), sur leur demande, pour un certain nombre des prêtres qui avaient été englobés dans la disgrâce de M. de Thémines. Il est peu probable que M. Gallois de son côté soit demeuré longtemps hors du diocèse ; ostensiblement ou en secret il dut y rentrer de bonne heure (si toutefois il en était sorti réellement), pour y exercer les fonctions d'administrateur que l'évêque venait de lui confier, et qui intéressaient tout le pays.

Nous savons en effet que le chef du diocèse avant de partir avait établi pour l'y représenter durant la persécution quatre vicaires généraux, nommés en secret et à l'insu des Administrations civiles : M.M. Adam et Roguin chanoines de la cathédrale, et M.M. Gallois curé de Saint-Nicolas et Salomé curé de Saint-Christophe de Suèvres.

En ce qui concerne l'abbé Gallois, on peut dire que le prélat avait eu la main heureuse ; je n'ai pas à parler ici des autres, on le comprend, mais quant à ce prêtre je crois pouvoir affirmer que nul ne fut durant ces dix mortelles années aussi actif, nul plus énergique à résister aux tentatives de conciliation et aux concessions dangereuses.

Il tint rigueur en particulier au parti des « soumissionnaires » (1) que soutenait l'Ad-

____

(1) Un commissaire du Directoire résidant à Ven-

ministration, et devint au sortir de la révolution le bras droit de l'autorité diocésaine.
On sait que le Concordat supprimait l'évê-
de Blois et en réunissait le territoire au
diocèse d'Orléans ; M. Gallois fut promu
alors au double poste de curé de la cathédrale et de vicaire général de la partie
blésoise, et mourut dans l'exercice de ces
fonctions en 1817, entouré d'une vénération qu'atteste une inscription encore exis-
tante, à la cathédrale. On lui doit en particulier la fondation du Petit Séminaire diocésain et aussi le rétablissement du couvent
des Ursulines de Blois que la Providence
appelait à de si glorieuses destinées au
XIXe siècle.

---

dôme le lui reproche amèrement (thermidor an V)
dans un de ses rapports officiels : « Dire qu'un nommé
Gallois, tartufe de profession et qui demeure à Blois
est le principal moteur de la résistance des prêtres à
une soumission, qui suivant moi n'a rien de contraire
à leur croyance ». — Grégoire, qui ne lui pouvait
pardonner d'avoir tenu tête à son administration, le
cite en ses Mémoires et le qualifie de « cerveau brulé ».
(II. 421)

II

LE TITRE DE SAINT-NICOLAS EST TRANSFÉRÉ A SAINT-LOMER. — LE NOUVEAU CLERGÉ Y EXERCE LE CULTE SCHISMATIQUE JUSQU'A LA FERMETURE DES ÉGLISES EN FRIMAIRE, AN II.

Comme on l'a vu plus haut, Grégoire à peine installé ferma l'église de Saint-Nicolas et en transféra le titre avec le service paroissial en la basilique de Saint-Lomer, laquelle depuis ce temps n'est plus connue du peuple sous son antique vocable. Désormais donc il n'y aura plus de culte public possible en la paroisse, si non chez les assermentés que l'intrus établit solennellement en présence de la municipalité et de la garde nationale dès les premiers jours d'avril 1791 ; et les catholiques devront s'en tenir au culte clandestin que leur ancien clergé allait organiser.

Église bénédictine de Saint-Lomer
aujourd'hui Saint-Nicolas (xiie et xiiie siècle).

L'ancienne église paroissiale de Saint Nicolas
détruite à la Révolution.
(Cf. p. 6 et 273).

L'étendue de la paroisse remaniée par Grégoire s'était, par la suppression de Saint-Honoré, de Saint-Martin et de Saint-Sauveur, notablement accrue, et la charge était lourde ; l'intrus mit à la tête de cette agglomération un ecclésiastique agé. Claude Mestivier précédemment titulaire de la cure de Saint-Sauveur, lequel s'était dès le début nettement affiché dans le sens de la constitution civile et du serment.

Bien avant son arrivée, Grégoire avait pu apprécier les dispositions de cet ecclésiastique tant par des recommandations venues de Blois que par une lettre instante reçue de lui et de Vallon curé de Saint-Saturnin dès les premiers jours de l'élection. On l'y pressait de hâter les cérémonies du sacre et d'accourir vers un peuple qui lui tendait les bras. La réponse ne s'était pas fait attendre ; le futur évêque était gagné : « Je suis bien flatté, disait-il, de ce que vous m'écrivez : et tout ce qu'on me dit d'avantageux sur votre compte m'inspire le désir de vous connaître. » Il leur parlait ensuite de ses plans d'organisation, du choix de ses vicaires épiscopaux dont il « prendra la très grande partie dans le diocèse ». et ajoutait : « malheureusement je ne connais personne. je vous demande des renseignements » (26 février 1791). On peut donc inférer de là en toute vraisemblance que Mestivier et son collègue exercèrent dès lors sur les nominations dans le haut clergé une influence marquée.

Dans ces conditions il est facile de comprendre qu'on ait vu Mestivier figurer avec un de ses futurs vicaires, Trinité, dans le groupe, fort modeste d'ailleurs. des prêtres de Blois qui faisaient cortège à l'évêque en sa cathédrale le jour de l'entrée en possession (27 mars 1791).

Homme d'avant garde. il s'était fait inscrire dès la première heure dans cette coterie des clubs, qui, ici comme à Paris et

partout, s'étaient donné la mission de diri-
ger le mouvement et de stimuler les Administrations retardataires. Cette affiliation
ne pouvait qu'agréer à l'Evêque intrus
qui s'y rendit lui-même dès son arrivée, y
fut adulé, et y fréquentait lorsqu'il était
dans le pays. Tout l'entourage épiscopal
d'ailleurs en fit partie ; et le club, un
moment, fut pour ainsi dire le rendez-vous
normal et presque quotidien de ce clergé
constitutionnel dont on attendait la régé-
nération du pays.

Il faut avouer que ces tumultueuses
assemblées, avec les délations et les violences qui en alimentaient les séances,
étaient une singulière préparation à l'office
pastoral du lendemain, à la célébration
des saint mystères et à la prédication de
l'Evangile.

Le ministère de Claude Mestivier s'inaugura à Saint-Lomer le jour-même où l'abbé Gallois quittait l'ancienne église ; les
registres paroissiaux furent retirés de cette

dernière et transmis au nouveau clergé, dont les signatures attestent l'entrée en fonction immédiate ; et rien, si on n'était informé d'ailleurs, ne permettrait d'y découvrir le bouleversement radical qui venait de s'opérer.

Une particularité qu'on ne peut remarquer sans quelque surprise, c'est la quantité surprenante des vicaires qui passèrent à Saint-Nicolas dans ces temps là : j'en ai compté jusqu'à sept durant les quatre mois qui suivirent l'ouverture du nouvel édifice aux cérémonies du culte paroissial : on dirait que la maison du clubiste Mestivier était devenue alors une école de formation pour le jeune clergé, véritable succursale ennemie érigée en face de l'ancien séminaire, pour en combattre les influences ultramontaines et mettre au pas les nouvelles recrues.

Parmi tous les vicaires d'alors et tranchant sur eux par son âge, il en est un qu'il faut signaler entre tous les autres pour son influence néfaste, et qui mis au premier rang, dès le début, resta de longues années à la tête de la paroisse. C'était un ancien curé de Villexanton appelé Jean Trinité, né en 1742. A peine entré en fonction, sa première pensée fut pour le club, et ayant sollicité l'incorporation il y fut admis le 11 mai 1791, comme l'atteste le procès-verbal de la séance. (Registre des délibérations de cette société aux Archives municip.).

On peut dire sans crainte d'être démenti que sa présence à Saint-Nicolas fut un malheur public, car nous savons par les notes de l'autorité diocésaine que non content d'avoir souscrit toutes les formules des divers serments et livré, comme son curé, ses lettres de prêtrise, il fut au nombre de ces indignes prêtres qui se firent les complices du Pouvoir dans la guerre déchaînée contre le clergé fidèle. De tout le diocèse en effet, lorsque en 1802, on dressa l'Etat du clergé de Blois, il n'en est

que trois auxquels la qualification de
« persécuteur » ait été infligée comme une
flétrissure indélébile. et Trinité est de
ce nombre.

Parmi les vicaires. je relève encore en
1791 un certain Tolin, dont le nom fut
porté par un des vicaire épiscopaux de Grégoire, sorte de presbytérien avec lequel
l'intrus dut rompre un instant à cause de
son indiscipline et de l'arrogant pamphlet
qu'il osa lire en pleine cathédrale contre
l'autorité des évêques. Le vicaire en question. ancien carme, puis curé dans ce dio-
cése, était le frère de ce bruyant person-
nage. mais j'ignore s'il partagea ses idées
de révolte et sa disgrâce.

Le vicariat de Saint-Nicolas vit encore
passer en 1791 un jeune prêtre, Laurent
Roger, que Grégoire venait d'ordonner, et
dont la carrière révolutionnaire s'était
inaugurée au club. alors qu'il n'était encore
que diacre. Ses idées avancées et sans
doute sa facilité d'élocution lui avaient

valu un instant la présidence, et même l'honneur de porter la parole au nom de la jeune société lors de l'élection de l'évêque intrus. Bientôt nommé à Saint-Claude, il y fonda un club affilié à celui de Blois, et quand arrivèrent les jours mauvais où le clergé schismatique se vit à son tour en suspicion, il prit les devants et déclara à ses paroissiens par une lettre adressée au corps municipal (20 pluv. an II) qu'il n'avait par de plus grand désir que de leur devenir « inutile » : après quoi il abdiqua et se fit jardinier.

On peut juger à ces quelques traits de la qualité des hommes dont s'était entouré l'évêque créé par la Révolution : et il y en eut de pires encore.

Le Saint-Nicolas nouveau avec le somptueux décor de son architecture devait attirer le prélat, plus que sa modeste cathédrale ; il y vint officier dans les temps qui suivirent son arrivée ; mais, si nous en croyons une dénonciation faite alors

au club, il put constater en cette circonstance, que l'accueil n'était pas unanime,
et que certaines sympathies allaient ailleurs. Le 3 mai 1791, en effet le procès-
verbal des séances, fait mention de bruits
facheux qui couraient en ville au sujet
des propos qu'avait tenus la dame Porcher femme d'un marchand, « le jour que
M. Grégoire officia à Saint-Nicolas » ; et
pour l'en punir, il fut décidé que les
membres de la Société Populaire n'ache-
teraient plus rien dans sa maison.

Les marguilliers et le curé eurent soin
tout d'abord de faire rapprocher le maître
autel, placé vers le fond de l'abside (8
décembre 1791). Il sagit sans doute de
l'autel de Bourgmoyen, que l'on venait de
demander à l'Administration pour l'usage
de la paroisse, ainsi que « les stalles de
Saint-Honoré ».

La fête de Noël fut marquée cette année-
là par un incident qui faillit attirer sur
la tête de Mestivier les anathèmes de la

loi. Ne s'était-il pas avisé d'ouvrir la basilique à plusieurs groupes d'artisans qui y étaient venus en corps, offrir le pain bénit, bien que toutes ces associations fussent légalement dissoutes (Décret du 14-17 juin 1791), et peut-être-même en esprit de représailles contre une loi qui les spoliait de privilèges séculaires. Le succès de la fête avait mis en goût d'autres métiers et l'on se disposait à récidiver, le jour de l'an, quand une verte semonce des Autorités locales vint rappeler le pauvre curé à la réalité de la situation.

Quelle ne fut pas sa déconvenue, lui clubiste avéré et idolâtre de la Loi, lorsque le 28 décembre (1791) il ouvrit un pli émanant de la Municipalité contenant les observations suivantes :

« Il nous a été rapporté que dimanche dernier, jour de Noël, il avait été célébré en votre église une messe solennelle au nom des compagnons de différents états avec offrande de pain béni, et que l'on se disposait à vous demander la même cérémonie pour dimanche prochain 1er janvier... ». Sur quoi, ils l'admonestaient, avec renvoi à « leur ordonnance de Police du 11 novembre » qui lui avait été communiquée disaient-il, pour être « lue au Prône » : l'avertissant d'éviter « .dorénavant toute infraction à cette ordonnance ».

L'affaire évidemment n'eut pas de suite, mais ce fut une dure leçon, et Mestivier n'étant pas homme à résister aux injonctions du Pouvoir civil, les compagnons durent battre en retraite, sans espoir de retour.

Tout donc rentra dans la légalité à Saint-Lomer; et au cours des années 1791 et 1792; même durant la plus grande partie de 1793 les assemblées paroissiales purent se tenir sans nouvelle difficulté dans la basilique.

Le peuple qui suivait ces réunions. entendant les mêmes chants au milieu des pompes qui s'accomplissaient d'après les anciens rites, n'apercevait pas encore nettement où le conduisait la révolution; plus tard les yeux s'ouvriront, quand il verra ces prêtres renoncer au sacerdoce, et un certain nombre d'entre eux scandaliser le pays par leur conduite.

Toutefois quelques changements s'étaient vite glissés dans les usages: le premier visait les trois proclamations qui jusque là précédaient toujours le mariage, l'évêque intrus ayant généralisé l'usage des dispenses de deux et même des trois bans; en attendant qu'une circulaire du 7 janvier 1793 en édictât en ces termes la suppression complète : « Il ne sera plus fait dans les églises de publications de bans de mariage »; et encore :« Il n'y a plus de temps prohibé,... etc. »

Une seconde innovation datée de 1792 est relative aux sépultures dont les règlements officiels modifièrent les pompes dans le sens de l'égalité démocratique. Un arrêté

du Conseil général de la commune de Blois
ayant décidé en effet que désormais «le
convoi serait fait par un seul prêtre et deux
chantres » et qu'il « n'y aurait aucune diffé-
rence ni distinction aux cérémonies funèbres des riches et des pauvres », Grégoire
donna pleine adhésion à ce statut, et enjoignit. le 26 février 1792, de le mettre à
exécution. (Reg. des delib.de la cathédr.)

Et ce n'était là qu'un commencement.
Il fallait au civisme révolutionnaire d'autres
sacrifices auxquels la religion devra plus
tard se plier, fussent-ils pour ses principes
le plus sanglant des outrages; c'est ainsi
que le 9 août 93 un arrêté du directoire du
département abolira dans tout le pays l'u-
sage de la procession si populaire du 15
août : « créée, disaient-ils, par Louis XIII
d'exécrable mémoire pour obtenir du ciel
une lignée de louveteaux ».

En même temps l'Administration invi-
tait les vicaires épiscopaux à supprimer
pareillement la fête de Saint-Louis, dont le

nom rappelait le souvenir des rois et le
régime aboli. La fête de la Dédicace elle-
même devait être changée par la même
raison; et Grégoire avouera plus tard les
troubles de sa conscience, en face de ces
mesures tyranniques.

Avant d'en arriver là, et sur la fin de
l'année 1792 une autre innovation fut par
ordre supérieur annoncée au peuple du
haut de la chaire; à savoir que désormais
la rédaction officielle des actes de baptèmes, mariages et sépultures était enlevée
aux ministres du culte.

A cette occasion la Municipalité dut se
transporter au domicile des curés à l'effet
de dresser l'inventaire des anciens registres paroissiaux en leur possession. Le 23
décembre 1792 l'abbé Mestivier reçut donc
une lettre lui annonçant la visite à bref
délai d'une délégation municipale : « pour
dresser, y est-il dit, l'inventaire des registres de l'Etat Civil dont vous êtes déposi-

taire, le clore et arrêter en votre présence ».

La sécularisation, depuis longtemps à
l'ordre du jour, ne s'en tint par là. Il fut
désormais interdit de tenir dans les églises,
même à titre de notes privées, aucun
registre analogue. L'État entendait avoir
le monopole des Actes ; et il arriva fréquemment que des curés par la suite
eurent à subir des condamnations pour
avoir contrevenu à ces décrets : le seul
fait d'avoir inscrit un baptême ou un
mariage suffisait, sous le Directoire même,
à éveiller les pires suspicions.

Six jours après, le procureur de la Commune, Dinocheau, revenait à la charge,
cette fois pour obtenir de Mestivier « les
éclaircissements » nécessaires en vue de
procéder à la cloture des comptes « avec
tous les marguilliers et fabriciens de la
paroisse et de celles qui peuvent y être
réunies ; et des confrèries qui y sont établies ». Pour qui sait lire entre les lignes,

il ne s'agissait pas là d'une simple formalité administrative, c'était la spoliation des églises de France qui silencieusement s'inaugurait avant la mise en vente de leurs biens pour quelques poignées d'assignats.

Cela n'empêchait pas l'Administration de se montrer généreuse à ses heures et de faire refluer vers les Temples des assermentés les dépouilles des églises supprimées ou des couvents. Le 7 août 1791 une libéralité municipale autorise la paroisse à s'emparer de l'horloge et du timbre de Saint-Sauveur ; ce qui n'eut pas de suite au moins immédiatement, car ils étaient encore en place six mois plus tard.

Voici qui est mieux encore, le 22 avril 1792 une affiche imprimée portait adjudication de travaux à l'effet de transporter « la charpente de Bourgmoyen dans une des tours de Saint-Nicolas », ce qui eut lieu en ces temps-là.

En août de cette même année l'église est littéralement encombrée de grilles apportées de tous les côtés, et le Procureur syndic du District en réclame une partie pour la maison de réclusion des Minimes : « celles de Saint-Sauveur, de Saint-Martin, et de Saint-Nicolas, ayant été, dit-il, reportées en l'église des ci-devant bénédictins, et celle-ci en ayant beaucoup trop pour entourer son chœur ».

Mis en goût par ces faveurs, le curé et les marguilliers, ce même mois, tentent auprès du district de Vendôme une démarche à fin d'obtenir pour leur église deux cloches de la Collégiale Saint-Georges : mais sans être formellement repoussée, leur « requête » n'eut guère de succès près des Administrateurs, qui peu flattés de se dépouiller en faveur de Blois se contentèrent d'en référer à la décision du département (20 août 1792). Il semble pourtant que Saint-Nicolas ait finalement obtenu gain de cause, puisque pendant un demi siècle la grosse cloche : « Opportune, fondue à Vendôme en 1547 pour Saint-

Le monastère Bénédictin de Saint-Lomer
et ses fortifications, d'après une vue de Blois
(XVIIe s.).

Le nouveau Saint-Nicolas,
ancienne église abbatiale de Saint-Lomer,
restaurée au XIXe s.

Église et monastère du Bourgmoyen
ou des Génovéfains (Collège actuel).

Église de Saint-Sauveur ou du Château
où fut béni l'étendard de Jeanne d'Arc (Cf. p. 47).

Georges » s'y fit entendre : comme en témoigne en 1840 l'un des vicaires de la paroisse l'abbé Voisin. Elle pesait, dit-il « 7.000 livres », et sonnait toujours, bien qu'étant « brisée depuis plusieurs années » (monographie de Saint-Laumer p. 46).

L'année 1793 elle-même apporte à Saint-Lomer sa contribution ; cette fois c'est une partie du dallage que l'on restaure avec « les meilleures pierres » amenées « de Saint-Sauveur », qu'alors on transformait en écurie nationale.

Plusieurs objets vinrent encore (mais plus tard, à la réouverture des églises) de la Visitation et des Ursulines comme en témoigne un article des comptes de fabrique mentionnant les frais de transport des « effets qui nous ont été donnés des Ursulines et de Sainte-Marie » (Arch. de la cure, an IV).

Mais à côté des acquisitions il faut voir aussi les pertes. Graduellement les spoliations s'achèvent, et le 6 octobre 1792

le curé Mestivier voyait enlever sous ses
yeux une partie notable de cette belle
« argenterie » de Saint-Lomer dont son
église restait jusque là dépositaire, en particulier « un chef de Saint-Lubin évèque
(son buste et sa mitre); un autre de Sainte-
Marie Égyptienne, et deux petits anges :
deux bras ; deux figures représentant
saint Antoine et saint Fiacre », qui sont,
séance tenante, conduits à la maison com-
'mune, avec quantité d'objets servant au
culte.

On lui laissait toutefois pour l'usage
de l'église « l'ostensoir, 3 ciboires et 4
calices » ; le reste étant tenu pour super-
flu et « regardé comme objet d'ostenta-
tion ».

Quelques mois auparavant, ce même
Mestivier avait dû donner son approbation
au projet de Grégoire qui dépossédait le
Diocèse des reliques de saint Calais en
faveur de celui du Mans, et il assista à la
reconnaissance qui en fut faite par deux

vicaires épiscopaux le 21 juin 1792 en vue
de la translation.

A mesure que la révolution avance le
domaine du clergé se retrécit, et ses liber-
tés vont s'évanouissant devant les injonctions d'un Pouvoir de plus en plus exigeant. A chaque instant arrivent des
ordres impérieux et déplacés de lire au
prône, et quelquefois à deux reprises, des
textes incendiaires émanés du club ou du
Comité de surveillance. Les trois curés de
la ville reçoivent ainsi l'inqualifiable mandat de publier en chaire, en juillet 1793,
l'acte constitutionnel, c'est-à-dire le texte
brutal que ce même Pouvoir allait lui-
même, après la chute de Robespierre,
lacérer et brûler comme le monument
détestable d'une époque de boue et de
sang.

Le mois suivant c'était un placard du
farouche *Comité Central* (Voir Docum.
annexe n° 5) que les curés assermentés

sans exception devaient lire « deux dimanches de suite », sous peine d'être dénoncés
pour incivisme. Or ce factum était d'un
bout à l'autre une attaque des plus violentes contre le clergé. Vers ce temps, les
membres du Comité, poussant plus loin
encore l'insolence, avait conçu le projet
d'imprimer chaque semaine « un Journal »
dans lequel serait relevées leurs opérations
et leurs visées criminelles avec injonction
« aux curés des différentes paroisses de
lire le dit journal au Prône », singulier
aliment pour la piété des fidèles. En pleine
terreur les exercices du culte avaient donc
quelque temps continué mais dans quelles
conditions ! Les locaux sacrés eux-mêmes
semblaient avoir perdu de leur immunité :
en mars 1793 Saint-Lomer est désigné à
la visite des démolisseurs ; un devis relatif à « la suppresion des emblèmes encore
subsistants » porte : « un écusson royal
dans une verrière » et au portail « des
fleurs de lis et une couronne ». Ce même

devis supprimait pareillement « cinq clés
de voute à écusson » dans l'église Saint-
Saturnin sans compter quantité de fleurs
de lis ; et encore, au cadran de Porte
Chartraine : « les chiffres de Louis XII et
Anne de Bretagne avec la cordelière qui
les entoure ».

Bientôt Saint-Lomer se verra privé (19
septembre 93) de sa belle sacristie voûtée
ouvrant sur le transept méridional, laquelle était destinée désormais au service des blessés militaires. C'était une
perte pour l'Église qui fut ainsi déposse-
dée d'une de ses dépendances normales,
d'un caractère architectural pleinement
en rapport avec la Basilique.

Dans ces mêmes jours (10 septembre)
paraissait un arrêté violent du Comité central relatif aux fonctionnaires leur enjoi-
gnant de briser avec les suspects et inter-
disant absolument ce genre de relations.
Voilà donc le clergé patriote mis en
demeure de traiter en excommuniés ceux

que leur dénoncera le Pouvoir ; sous peine de tomber lui-même en suspicion. Les pauvres prêtres s'alarment de ce nouveau cas de conscience que la casuistique la plus minutieuse n'avait jamais soupçonné, et on voit tel de nos curés assermentés en référer aux canonistes du Comité central pour avoir des éclaircissements là dessus. C'est ce que fait Aubert curé de Marolles : « Ce règlement, écrit-il à Péan, regarde-t-il les curés ? Trouverait-on à redire qu'un curé fréquentât des malades, dans les cas désignés » ; il expose en même temps les motifs de son anxiété, c'est qu'il est tout « dévoué à la loi, par principe de conscience », c'est pourquoi il « prie de l'éclairer », Ainsi l'officine qui approvisionnait les prisons et l'échafaud devenait le Bureau de Consultation d'un sacerdoce avili autant que tyrannisé (Voir Documents annexes, n° 6).

Cet état de choses, à la fin, était devenu

tellement anormal, et la condition du clergé si précaire que dans les derniers mois de 1793 le poste n'était plus tenable, même pour les assermentés ; la suspicion d'ailleurs planait sur eux, depuis l'alerte vendéenne et les revers de l'armée patriote.

Il fallait en finir d'un coup ; le 14 frimaire an II (4 déc. 93) un arrêté ordonna la fermeture des églises de Blois. Celle de toutes les autres ne se fera pas attendre ; et comme les curés constitutionnels sont maintenant par terre, les administrations vont les piétiner à leur tour : il n'y aura de grâce que pour les renégats qui abdiqueront, livrant aux flammes leurs lettres de prêtrise contre la promesse d'une pension, et pour les prêtres mariés.

Quant aux autres ; dans tous les cantons ils reçoivent à cette époque la visite de commissaires spéciaux chargés d'inventorier leurs papiers, et de garder sous les scellés tout ce qui paraîtra suspect de « fanatisme », c'est le mot courant. L'ordre émanait du terrible Triumviral composant le Comité central de surveillance : il en faut rapporter ici les termes pour donner une idée de la situation des assermentés à ce moment « Considérant. disaient-ils, que la coalition des prêtres sermentés en ce moment de crise devient aussi dangereuse pour la liberté que l'a été dans l'enfance de la philosophie les manœuvres liberticides des prêtres réfractaires : — que la ligue infernale de ces monstres se ranime avec de nouvelles forces à l'apparition des brigands dont ils ont l'infamie de désirer l'approche. etc.. le Conseil arrête... » Suivait l'exposé des mesures ci-dessus indiquées, les quelles furent exécutées à la lettre (1) dans tout le département (Frimaire, an II).

____

(1) Il serait interressant de reproduire quelques uns des procès verbaux émanés de ces théologiens, qui durent inventorier les objets du culte, et les papiers d'église ; leurs bévues provoqueraient plus d'une fois un sourire de pitié. On vit en l'an II par exemple un curé de Selles accusé d'avoir tenter de soustraire

Le 15, ce Comité, que présidait un prêtre, internait « les nommés Joly, Bouchère et Roger vicaires de Vienne comme suspects d'incivisme d'avoir fanatisé par leurs discours et leurs actions les habitants de Vienne... à l'approche des rebelles de la Vendée » ; et arrêtait en même temps : « que le curé de Saint-Nicolas sera mandé au Comité pour y être interrogé sur la farce pieuse qui a eu lieu dimanche dernier (vieux style) dans la ci-devant église ».

Mestivier dut donc subir l'ignoble interrogatoire, dont il se tira sans arrestation, en raison sans doute des sympathies qu'il s'était acquises par son assiduité aux séances du club, où sa présence est encore signalée le 22 brumaire, an II (12 nov. 93).

Il manquait pourtant quelque-chose à

aux perquisitions « un os de Jésus » incrusté dans un reliquaire ; et 5 ans plus tard le juge de paix de Marchenoir prétendait avoir découvert sur le prêtre Drouard « deux cure oreilles en forme de croix », n'ayant pu soupçonner qu'il avait en main des spatules d'extrême-onction.

l'amoindrissement de ce malheureux vieillard, car malgré de nombreux exemples il avait jusque là évité de fléchir le genoux devant les nouveaux pontifes de la Raison. Le 19 germinal au II (8 avril 94) une dé-démarche bien autrement grave que le serment, et qui était le dernier pas dans l'oubli du devoir, l'amenait devant la Municipalité « siègeant en bonnet rouge » : et, d'une main qui dut trembler, il déposait sur le bureau « ses lettres de prêtrise », étalant devant tout le pays le scandale de son abdication.

Le fait était d'autant plus humiliant pour lui que, seul entre les curés de la ville il s'était abaissé à ce point, car ni Grégoire « évêque-curé de la cathédrale » ni Vallon curé de Vienne n'y voulurent jamais consentir, ce dont les terroristes leur surent d'ailleurs fort mauvais gré.

On le retrouve le 24 prairial suivant, en instance auprès du District « aux fins d'être autorisé d'enlever différents objets » laissés

par lui en son église « et qu'il prétend lui
appartenir ».

Resté ainsi dans la ville, il est fort possible qu'il ait été alors enrôlé dans la singulière escouade de travailleurs que la Municipalité avait mission de rassembler
« pour l'arrachis et brulement des herbes (1)
dans la forêt de Chambord » car celle-
ci devait être recrutée parmi tous les oi-
sifs, avec injonction spéciale : « de mettre
en réquisition les prêtres et les cidevant nobles », et de n'en laisser échapper aucun
(26 prairial an II, — 14 juin 94).

Ces humiliations ne suffisent pas ; il
faut pour satisfaire la rage de nos Terroristes des pénalités plus dures. Entre tous,
l'Agent national du district de Blois, le
sanguinaire Hésine, se fait remarquer par
la violence de son langage. Le 17 ventôse

____

(1) Les cendres produites étaient destinées à fournir
des éléments entrant dans la constitution de la pou-
dre avec le salpêtre et le charbon. — Le château de
Chambord était le grand atelier de la région,

an II il provoque un Arrêté d'expulsion
contre ces assermentés, qu'il qualifie de
« chenilles », épuisant sur eux son gros-
sier vocabulaire. Son réquisitoire n'aboutit qu'à faire appeler au chef-lieu tous les
prêtres fonctionnaires « non mariés ».
Aussi revient-il à la charge le 13 germinal suivant près du représentant en mission le provoquant à des mesures extrêmes :
« Je suis à la piste, écrit-il à Garnier de
Saintes, d'une cabale infâme... qui a son
foyer dans le cœur des *exécrables prêtres.
Frappe, frappe, il est temps, sur ces scé-
lérats qui s'obstinent à conserver le caractère infâme de prêtres, dans le siècle de
la Raison...* »

Telle était, à cette époque la condition
du clergé officiel ; l'athéisme plane sur le
pays, les *Déesses-Raison* montent sur les
autels profanés ; et le club de Blois qui aux
jours de l'arrivée de Grégoire envoyait des
délégués à la procession du Saint-Sacrement, s'insurge aujourd'hui quand il en-

tend parler d'un curé qui ose tenir encore en sa paroisse (Chaumont-sur-Loire) et décide finalement d'écrire à Garnier de Saintes représentant en mission : « pour faire rendre au chef lieu tout le fumier sacerdotal ». Voilà en quels termes les prêtres constitutionnels (car les autres avaient disparu depuis longtemps). sont maintenant désignés et le sort que leur préparent leurs amis d'hier (Proc. Verbal des Séances du Club. Floréal an II).

C'est dans les premiers mois de l'an II encore, que, sous prétexte des nécessités de la guerre, et pour en retirer le plomb, furent profanées les tombes des églises et des chapelles seigneuriales. Les caveaux de la Cathédrale furent dévastés, celui des évêques, ouvert et leurs cendres jetées au vent (Inscription de l'abbé Gallois, au lieu-même, aujourd'hui disparue). La mesure fut générale, et Saint-Lomer ne dut pas être épargné.

En nivôse an II nous assistons au défilé

des agents qui viennent se faire payer aux bureaux du district après ces honteuses besognes. A la date du 3 (23 déc. 93) il y est question « d'une ouverture de fosse à Neuvy pour avoir un cercueil de plomb » ; et, le 29, de la fonte et transport de plomb provenant des cercueils. Le 11 pluviôse (30 janv. 94) revient la question « des plombs provenant des cercueils trouvés dans les différentes églises » ; enfin, le 27, un mandat de 12^l 12^s est délivré au citoyen Beaussier en remboursement de ses frais « pour l'ouverture des caveaux de l'église de Cheverny » dont on avait « extrait les cercueils de plomb, aux environs d'une dizaine ».

Quant au mobilier, aux ornements et linges d'église ; aussitôt la fermeture décrétée, ce fut une curée scandaleuse offerte à la rapacité des enchérisseurs. Sans compter, pour ainsi dire, et par charretées, chasubles, chapes, lingerie, aubes, etc.. étaient voiturées au dépôt central puis vendues au plus offrant par « l'assesseur du juge de paix ».

A Blois la vente commença le 3 nivôse an II ; et il fut adjugé pour « 5. 301¹ 3ˢ sauf erreur de calcul » de vêtements, linges, statues, tabernacles, aigles, coffres, chaires à prêcher, livres d'église, etc.

Les dépenses pour journées de portefaix, charrois, main d'œuvre, garde des objets, soit « 499¹ 5ˢ » furent payées sur la vente, comme aussi le bois employé pour « chauffer les citoyennes » qui « gratuitement » et par un temps glacial s'étaient acharnées au travail ingrat « de dégalonner et dédoubler les ornements », pièces que l'on mit aux enchères en des lots séparés.

Il fut payé encore à Olivier le jeune orfèvre », un terroriste connu, « 64 livres pour avoir pendant *seize jours* lavé les cendres provenant de l'or et de l'argent brulés ».

Il serait aisé de relever un par un sur les procès-verbaux d'enchères le nom des

acquéreurs ; on y trouverait à peu près
toutes les classes sociales, depuis les fri-
piers jusqu'à des bourgeois et des prêtres.

Certains aussi, il le faut penser, rache-
taient dans un but des plus honnêtes : en
vue de restituer au clergé persécuté une
partie de ses biens ; aussi est-il difficile de
porter de ce chef un jugement sur les personnes : sauf quand il s' « agit de vauriens
avérés comme « ce citoyen Velu », tour à
tour « chantre en Vienne, juge de paix »,
et terroriste, qui pour « $10^l\,10^s$ » achète le
13 nivôse an II « un tableau à cadre de
bois doré et sa représentation » pour orner
son nouveau logis.

A titre d'ancien employé d'église, ce
même homme avait dû mettre aussi quelques étoles de côté comme fit ces jours-
mêmes son ami Hésine, qui, en ce costume
monta à la tribune du club et présida aux
processions sacrilèges dont les contemporains nous ont gardé le souvenir (Durie-
Masson. *Prisons de Blois*, p. 57).

III

**LE MINISTÈRE DU CLERGÉ CATHOLIQUE S'ORGA-
NISE EN SECRET SUR LA PAROISSE, ET CONTI-
NUE A S'EXERCER SOUS LA TERREUR.**

Après avoir suivi en ses phases diverses l'organisation du culte constiutionnel de 1791 à la fin de 1793, le moment est venu de reporter nos regards vers ce clergé fidèle que nous avons laissé désemparé au seuil de son église cadenassée, dans les premiers jours d'avril 1791.

Il faudrait bien peu connaître les énergies de la foi chrétienne pour croire qu'un trait de plume des Pouvoirs humains ait pu désagréger nos anciennes communautés paroissiales ; il n'en fut rien, et tandis qu'une partie du bercail se ralliait, souvent sans grande conviction, aux mauvais bergers, la portion choisie du troupeau prenait son parti de la disgrâce officielle et faisait cause commune avec ses chefs légitimes.

Désormais nous ne devons plus nous attendre à rencontrer dans les édifices publiquement consacrés au culte la tribu des catholiques fidèles ; toutes les églises, sont passées, après un délai plus ou moins prolongé, aux mains des assermentés qui forment dès 1791 un véritable clergé d'Etat.

Pour les « non-conformistes », comme on disait avant de les qualifier de « dissidents » et plus souvent de « réfractaires », toute réunion, tout ministère des sacrements, tout exercice d'autorité pastorale est légalement interdit.

Je sais bien qu'une loi datée du 13 mai 1791 autorisa l'exercice du culte par les insermentés dans les oratoires privés sous certaines conditions et formalités à remplir; mais, pour une cause que j'ignore, à peine la voit-on utilisée en ce pays. Mieux encore, au mois de mars 1792, le Directoire du département, (revenant sur une mesure tyrannique, désapprouvée en haut lieu,) arrêtait à la date du 28 que les non-conformistes pourvu qu'ils évitâssent tout attroupement clandestin pourraient désormais célébrer le culte « dans un lieu revêtu au frontispice d'une inscription accordée par le Directoire du département »: ce genre d'oratoires ne fut pas agréé des catholiques qui se trouvaient mieux sans doute de vivre en marge de la loi, et sans le contrôle du Pouvoir. D'ailleurs, l'eussent-ils accepté, cet ordre de choses aurait vite cessé, quand au mois d'août 1792 la loi d'exil vint frapper la plupart des prêtres insermentés.

A Blois donc et à peu près partout, dès le milieu de l'année 1791 s'organisent les réunions non autorisées sous la direction du clergé paroissial, resté sur place et tenant tête aux nouveaux arrivants. En vain le Conseil Général du Département présidé par Grégoire enjoint à tous les procureurs syndics des Districts de suivre jour par jour les péripéties de ce duel, et d'envoyer leurs renseignements « à chaque départ du courrier ». (4 août 1792) ; en vain le club depuis un an s'alarme à la vue de la propagande faite aux environs, notamment à Chouzy et Onzain par les vicaires de Vienne et de Saint-Honoré, et de l'oppression que fait peser sur le nouveau clergé « la coalition des insermentés » (Reg. du club. Avril et Juin 1791) : la campagne est menée avec tant de vigueur et un tel succès qu'au mois de février 1792 (le 15) les administrateurs du département entreprennent de couper court à tout ce mouvement en lui enlevant ses chefs. Mais cet arrêté violent dut rester lettre morte, faute de légalité et fut même censuré durement par le ministre de l'intérieur. C'étaient les dernières résistances du Pouvoir royal ; aussi cette ère d'indépendance relative ne fut-elle pas de longue durée, et quand l'autorité du monarque eut perdu tout prestige après les journées de Juin et d'août 1792, quand surtout la loi du 26 Août eut contraint les

insermentés à opter entre le serment d'É-
galité ou l'exil, l'action des prêtres fidèles
qui purent échapper aux regards investi-
gateurs de la police fut condamnée désormais au plus grand secret. Il en sera ainsi
jusqu'à la fin du Directoire et c'est à peine
si ce groupe si méritant, put durant quelques mois, après la terreur, remonter à la
lumière et reparaître au grand jour.

Pour en revenir à cette première phase
d'organisation dont on retrouve la trace un
peu partout dans les mois qui suivirent la
prise de possession des assermentés, nous
devons signaler à Blois une initiative
remarquable de la part du jeune clergé.
Vicaires, aumoniers de couvent. d'hopi-
tal et de prison se mettent à la disposition
des fidèles. Ceux-ci affluent aux abords
des communautés de femmes, tant que
leurs églises resteront ouvertes : ils se
portent à la prison où célébre l'abbé Villain.
à l'hôtel Dieu que la supérieure Mme Roger
dispute longtemps au schisme.

Quelques prêtres plus hardis ouvrent dès le début des chapelles domestiques, et y continuent avec succès le service religieux sans le visa des Administrations ombrageuses ; celle de Saint-Honoré desservie rue Chemonton par les anciens vicaires de la paroisse est une dès plus en vue dans Blois et attire la foule un certain temps ; mais le 19 février 1792 (Voir Doc. ann. n° 7) la pieuse assemblée est surprise en plein office, par une invasion de la force armée. C'était quelques jours après ce malveillant arrêté du Département qui venait de monter toutes les têtes. Il y avait là, assistant au Saint Sacrifice plus de 60 personnes tant « de la ville que de la campagne », de toutes les conditions. L'un des vicaires célébrait ; l'autres, l'abbé Cayer descendit pour parlementer et voulait à tout prix éviter que le culte fut troublé. L'officier chargé de disperser la réunion ne voulut pas céder et exigea qu'on l'introduisit, promettant d'ailleurs de se comporter « en chrétien et en honnête homme » ; il accepta donc une chaise au milieu des fidèles recueillis et attendit pour accomplir sa mission que la Messe avec la Bénédiction du Saint-Sacrement qui la suivit fussent achevées. Pendant ce temps il comptait les présences, notait les personnes des sieurs « Cuffault batonnier, Roger, Menard, etc. » ; mais, avouait-il en son rapport, il lui fut impossible de reconnaître un certain nombre de femmes parce que, la coiffe abaissée, elles n'avaient pas même détourné la tête. A en juger d'après les papiers officiels c'est une des rares circonstances où la police ait pris sur le fait les catholiques blésois, et cela malgré les visites domiciliaires innombrables dont nous avons les procès verbaux. C'est sans doute, comme en témoignent les doléances des officiers de police. que le plus souvent des amis vigilants surveillaient les avenues et avaient charge d'avertir du danger.

Sur la paroisse Saint-Nicolas, un des vicaires en faisait autant dans la maison de sa mère, et la leçon pourtant si rude n'avait pas découragé nos catholiques. Dimanches et fêtes on les voyait se porter en nombre vers le quartier du Foix pour assister à leurs offices. La Municipalité ne pouvait accepter une telle défaite après sa victoire de Saint-Honoré ; elle repartit en guerre et adressait le 26 mai 1792 à « Mme Bimbenet au Foix » la lettre qui suit :

« Madame. Nous sommes instruits que depuis un certain temps il se fait fréquemment chez vous des rassemblements nombreux notamment les dimanches et fêtes. Nous ignorons l'objet de ces rassemblements, mais nous savons et nous devons vous dire qu'ils sont défendus par les lois, et vous prier d'éviter qu'ils aient lieu dorénavant.

« Obligés que nous sommes de veiller au maintien du bon ordre et à la sûreté publique, nous vous prévenons que demain matin votre maison sera surveillée,

et si après l'avertissement fraternel que
nous vous donnons vous vous permettez…
etc. ; nous vous rendrons responsable…. »
Signé : Le maire et les officiers municipaux.

On verra bientôt que ces procédés d'in-
timidation n'eurent aucun succès.

Y avait-il dès lors d'autres centres analogues sur la paroisse, la chose est fort
probable, car on trouvera plus loin des
traces manifestes de réunions chez les Selleron et ailleurs. Toujours est-il que diverses pièces des registres secrets signées
de MM. Gallois curé, Menard et Bimbenet
ses vicaires, et portant l'indication des sacrements administrés en 1792, nous montrent le clergé catholique continuant à
présider aux actes de la vie spirituelle
comme par le passé.

Cet exercice des fonctions pastorales
n'avait point été d'ailleurs laissé au hasard
des initiatives particulières : non plus que
la conduite à tenir par les fidèles dans les

circonstances présentes. Le 25 juin 1791 une Lettre pastorale datée de Chambéry leur apportait à tous les directions authentiques de l'Evêque légitime. Des consultations encore plus détaillées passaient de main en main. Tout y était réglé avec une autorité qui ne laissait point de place aux discussions ; et après avoir démasqué le caractère schismatique de la Constitution civile et flétri l'usurpation du siège de Blois par l'intrus, l'autorité traçait avec une noble intransigeance l'attitude que chacun devait garder en face des faux pasteurs. Nul commerce avec eux n'est permis, ce serait favoriser le triomphe de l'erreur ; ils sont sans juridiction d'ailleurs et quantité d'actes de leur ministère sont dépourvus do validité ; qu'on baptise plutôt les enfants soi-même, s'il n'y a point de prêtre fidèle, qu'on s'abstienne de communier même à Pâques, etc.

Quant aux prêtres, malgré la tolérance de la loi qui au début leur accordait cer-

taines facilités pour célébrer le Saint Sacrifice en dehors des heures du service
public dans les églises paroissiales, M. de
Thémines n'en veut pas entendre parler ;
ce serait communiquer avec les schismatiques.

Voilà à quelle école se formèrent les
catholiques blésois : on ne s'étonnera donc
pas que les deux camps se soient dès le
début nettement tranchés. Et comme les
administrateurs placés à la tête du diocèse tinrent vigoureusement les rênes du
pouvoir, même aux jours les plus difficiles, la pureté de la foi fut admirablement
conservée dans ce pays et le courage chrétien y atteignit souvent les sommets de
l'héroïsme.

Une part importante de ces résultats devait revenir au prêtre qui alors gouvernait la paroisse ; aussi est-ce sur lui et
sur son action énergique, nous l'avons vu,
que se portent à chaque occasion les plaintes des officiers publics ; lorsque par

exemple ils verront le clergé résister en l'an III, aux avances de la loi, pour garder la noble indépendance du Christ, c'est toujours l'abbé Gallois qu'ils rendent responsable.

Dufort de Cheverny dans ses Mémoires s'est fait l'écho de ces doléances sur la sévérité du S⁰ Gallois vicaire général de Thémines (30 octobre 1797). Il ne faut donc pas s'étonner de voir les Jacobins le traquer jusqu'à la fin ; en février 1799 des « visites domiciliaires chez Porcher Salomé » et dans quatre ou cinq autres maisons, ont encore pour objet de découvrir sa retraite.

Après une disparition momentanée, et qui dut être assez courte, le pasteur expulsé avec M. de Thémines revint se mettre à la tête de sa paroisse, comme l'attestent des actes signés de sa main, au cours de 1792. A ses côtés nous trouvons alors deux prêtres nouveaux, ordonnés l'un et l'autre depuis 1790 et dans toute l'ardeur de leur jeune sacerdoce, lesquels vont désormais l'assister, et au besoin le remplacer lorsque ses hautes fonctions appelleront ailleurs l'administrateur diocésain.

Ni les lois d'août 1792 devant lesquelles plusieurs se décident pour l'exil, ni celles plus terribles de 1793 n'effrayent ces zélés pasteurs. Ils savent qu'en demeurant ils jouent leur existence, mais ils ne quittent pas le poste. Les registres secrets rédigés par l'abbé Menard font mention à cette époque de certains actes concernant l'administration des sacrements qui n'ont pas été inscrits à leur date, et que la prudence défendait alors de transcrire ou même de rédiger. Réputés émigrés, de par la loi du 26 août 1792, qui les expulse, ils tombaient sous le coup des terribles décrets des 18 mars et 23 avril 1793, décernant la peine de mort dans les 24 heures contre tous les déportés rentrés sur le territoire de la République.

Est-il besoin après cela d'insister pour faire comprendre par quelles perplexités dut passer, au cours des années 1793 et 1794, le clergé voué ainsi à la mort. Ce furent des angoisses sans trêve de jour et de nuit, dont ils ont emporté le secret dans la tombe, et que nous font à peine soupçonner les arrêtés révolutionnaires prescrivant à toute occasion des visites domiciliaires dans les maisons suspectes, ou les procès-verbaux qui en racontent les chances diverses, parfois en style de cannibales.

Fort heureusement il se trouvait dans Blois un assez grand nombre de retraites, et des mieux organisées, où les hommes de Dieu vivaient sûrement gardés ; c'est ce que constatait avec dépit quelques années plus tard le Commissaire du Directoire exécutif près le département dans une lettre confidentielle au ministre de la Police générale. Son insuccès dans la recherche des prêtres réfractaires, écrivait-

il le 7 pluviôse an VI (26 janvier 98), « ré-
sulte du mauvais esprit des citoyens du
département. Tous d'accord et d'intelligence ils trompent la surveillance et font
si bien que le prêtre insermenté se dégage
des filets. — Ce chef-lieu, ajoutait-il, en
recèle beaucoup, mais il serait impossible
de les y atteindre : vingt maisons de
suite ayant des communications pour se
rendre de la première à la dernière ».

Il y en avait sur la paroisse que nous ne
connaissons plus assurément ; d'autres que
nous connaissons par des documents secrets, ou par des pièces éparses dans la
volumineuse collection des Archives Révolutionnaires. Nous savons ainsi que dans
sa maison de la rue Chemonton Mlle Emain
dont nous aurons à reparler un peu plus
loin, offrait une retraite aux prêtres persécutés, et qu'un vaillant chrétien « de la
paroisse » déjà compromis dans l'affaire
de la rue Chemonton en février 1792, le
sieur Cuffault les recevait aux plus mau-

vais jours de la Terreur dans sa propre demeure, rue Porte-Côté, et jusqu'en un jardin éloigné qu'il possédait au Pont du Gast :

« La maison Porte-Côté n° 16, lit-on dans un billet anonyme adressé au Comité de surveillance, occupée par le nommé Cufault, et son jardin au Pont-du-Gas sont très fréquentés par les fanatiques..., on croit que c'est le point central d'une correspondance de prêtres », et le délateur, prenant le rôle de conseiller, ajoutait : craignant sans doute que les limiers de l'Administration n'eussent pas le flair suffisant : « Il faut que le jardin soit enveloppé en même temps que la maison. »

Je ne sais si la perquisition réussit ; mais ce qui est hors de doute c'est que cet homme courageux paya de sa liberté les services qu'il rendait à la cause catholique. Traqué comme une proie, il est porté dès le 15 brumaire an II sur une liste de suspects, incarcéré « au second repaire » c'est-à-dire au couvent de la Visitation, et n'en sort le mois suivant (8 frim., 28 nov. 93) après avoir fourni une caution de 1.200¹ que pour retomber aussitôt sous la griffe du terrible Comité Central.

En effet son nom se retrouve parmi les « suspects incarcérés dans la nuit du 12 frimaire an II » lors de la panique causée à Blois par l'avance de l'armée Vendéenne. Enfermé aux Carmélites cette fois, il dut rester sous les verroux un mois et demi dans les transes, au milieu des victimes destinées au Tribunal révolutionnaire, jusqu'au jour où un arrêté général du représentant Guimberteau lui rendit sa liberté.

Cette terrible secousse ne l'avait pas ébranlé ; au contraire ; il sortit plus décidé que jamais à combattre le bon combat, et quand la persécution reprendra, sous le Directoire, nous le retrouverons au poste offrant comme par le passé au Clergé paroissial sa demeure pour les réunions du culte clandestin.

Dans le billet qui dénonçait M. Cuffault se trouvent d'autres renseignements encore, visant ce même quartier du Pont-du-Gast : « La maison du frippier Pothée située aux Basses-Granges vis-à-vis le citoyen Guérin au Pont-du-Gas » est elle aussi « vivement soupçonnée de recevoir des prêtres fanatiques », de même que « la maison des sœurs Duret, fripier, à leur jardin, au Pont-du-Gas ».

Il n'est pas sans intérêt de voir ces humbles prendre rang à côté des classes élevées parmi les défenseurs du droit ; et le fripier Suet qui avait caché jadis le prêtre Meunier professeur au séminaire sera lui aussi incarcéré comme suspect dans la nuit historique du 12 frimaire an II.

Le courage chrétien est à toutes les portes. Certaines retraites que nous connaissions par des sources privées se retrouvent parmi les cachettes dénoncées aux recherches des Administrations jacobines ; c'est ainsi que M. Jules Laurand m'avait en

1889 laissé une note sur la tradition conservée dans la famille Selleron quant à des perquisitions de ce genre, rappelant le bonheur qu'avaient eu ses grands parents de cacher des prêtres, en leur maison de « la rue Bourreau ». Or j'ai rencontré dans les archives révolutionnaires la confirmation du fait : on y apprend que le 13 août 1792 Selleron notable de la paroisse avait été dénoncé au Conseil général du département, comme *recevant des prêtres insermentés qui se réunissent chez lui avec leurs adhérents :* qu'une visite fut ordonnée en conséquence, et n'aboutit à aucun résultat.

Sur d'autres points de la paroisse, en pleine Terreur, de pieuses femmes, émules de celles que nous connaissons déjà, ouvraient elles aussi leur maison aux prêtres catholiques. C'est, dans la rue du Foix, la veuve Bimbenet, mère du vicaire déjà cité, et, sur le pavé Chambourdin, une autre veuve, Mme Jousselin. Elles sont, de ce chef, dénoncées au redoutable Comité de surveillance départemental, qui lance aussitôt sa meute. Le 28 mars 1793 une visite domiciliaire faisait découvrir chez la première « des pains à chanter et un calice » ; les pains d'autel, mieux encore que ce vase sacré, témoignaient ainsi l'exercice actuel du culte.

Le 6 du mois suivant l'inlassable Comité procédait à une perquisition nouvelle, cette fois au domicile de Madame Jousselin « chez qui, d'après une dénonciation, chaque jour, le soir, vers les 8 ou 9 heures il se faisait un rassemblement de prêtres non assermentés, déguisés en femmes et autrement ; de religieuses et autres » ; et l'ordre était donné de saisir avant tout les prêtres ; « dans ce moment surtout, ajoute l'arrêté, il est instant de purger la terre de ces monstres ».

Les bandits, ici encore, ne se trompaient pas. Nous savons en effet par les circulaires des Dames de la Visitation que Madame

Jousselin et ses filles « eurent le bonheur de posséder chez elles le Saint-Sacrement pendant la plus forte persécution « et de pratiquer « l'hospitalité envers quelques saints ministres du Seigneur ».

Des femmes chrétiennes ne craignaient pas en ces jours difficiles de se faire racoleuses pour attirer les hésitants au culte clandestin. L'une d'elle, la dame Cabaré, sera dénoncée pour ces actes de zèle par des personnes qu'elle avait essayé de gagner à la cause ; le 6 floréal an II (25 avril 94), Marie Chevalier raconte devant le Comité blésois comment les choses se passaient, et que par exemple cette dame « lui a dit : pourquoi elle faisait la décade, et quel saint on fêtait ce jour là ? — et, qu'il y a un an, elle voulait l'emmener où on disait des messes clandestines », ce qui valut à la dame Cabaré une condamnation à se présenter au Comité chaque jour de décade pendant deux mois.

Rien n'était négligé pour traquer les

prêtres fidèles : le 12 septembre 1793 un Arrêté émanant du Comité Central ordonnait dans tout le pays une battue générale pour y découvrir les insermentés visés par la loi du 26 août 1792 et par celles de 1793 ; et plus violent que jamais, il y faisait appel à tous les citoyens pour les dénonciations.

Ainsi pressée par les administrations supérieures la municipalité de Blois se crut obligée de lancer ses policiers a la recherche des prêtres ; la ville entière fut parcourue en tous sens, et pas une des maisons que l'on savait avoir abrité quelqu'un d'entre eux depuis le schisme ne fut épargnée. Mais comme si un mot d'ordre avait couru de bouche en bouche, les personnes de garde eurent presque toutes la même réponse, à savoir que l'ecclésiastique en question était parti pour l'Italie ; pour Fribourg etc... « ayant eu son passeport en septembre 1792 ». Une paroissienne de Saint-Nicolas, Madame Cheron, interrogée à son domicile, rue du Foix, au sujet de ses deux fils J.- B. Cheron, chapelain de Saint-Louis, et Louis Cheron, curé de Meslay, répond la même chose, et déclare qu'ils sont « passés en Angleterre ».

Quatre des vicaires généraux en fonction MM. Adam, Roguin, Habert ancien secrétaire de l'évêque Thémines et Gallois étaient sur la liste des Commissaires et furent recherchés, mais sans succès ; et pas un des déportables que l'on poursuivait ne fut atteint ce jour-là. C'était fort heureux, car l'administration diocésaine eut été démembrée du coup, et il n'y serait resté que ceux qui appartenaient aux diocèses voisins de Tours et d'Orléans.

Dans la circonstance la Municipalité se prétendit informée de l'absence de l'abbé Gallois, et le déclara « sorti de France » ; mais tout porte à croire que le renseignement était inexact, et que le curé se tint pendant une partie notable de ce temps,

soit à Blois même, soit dans le Vendômois,
ou à proximité de la Touraine.

L'artifice des déplacements était bien
connu des Officiers publics, et plus d'une
fois il est fait mention dans les correspon-
dances policières de l'habileté avec laquelle certains arrivaient à dépister leurs
recherches en s'établissant « aux confins
de 2 ou 3 départements ». Ce qui nous
fait croire à cette existence errante de
l'abbé Gallois, c'est que nos documents
nous le montrent, tantôt à Blois signant
sur les registres de sa paroisse un acte
de ministère, tantôt à Saint-Cyr du Gault où
il se fait donner en l'an III un certificat
de résidence ; d'autrefois à Sainte-Anne
dans sa famille ou à Vendôme, car l'œil
vigilant d'Hésine l'avait suivi en ces derniers refuges, dans les temps relativement
calmes qui précédèrent la réaction du 19
fructidor an V. Il y était d'ailleurs attiré
par la nécessité de débattre après la mort
de son père, décédé à Saint-Anne, ses

droits à la succession, que l'État lui avait disputés précédemment, comme « prêtre déporté » .

Une note jetée au hasard sur une feuille de renseignements, que j'ai rencontrée dans les dossiers du Comité Central, autorise à penser que l'abbé Gallois se réfugia quelque temps au cours de la Terreur dans une des maisons de la rue Chemonton en compagnie d'un vicaire de Saint-Honoré. « Chez Mlle Emain, rue Chemonton n° 24, y est-il dit, sont Gallois et Caillé » ; et ce qui fortifie cette opinion c'est que la police dans ses perquisitions y surprit alors « une chapelle » et que ce motif fut invoqué lorsqu'il s'agit d'incarcérer cette noble femme.

Personne dans Blois n'avait montré autant de courage dès les débuts du culte assermenté, au point que la populace irritée de son attitude intransigeante, après s'être portée en juillet 1791 à son domicile la poursuivit jusqu'à la Maison de ville où elle stationna une partie de la nuit du 17, menaçant de l'arracher de là pour « la fouetter » (Reg. mun.) ; et ce n'est « qu'après minuit, lit-on au procès-verbal, que la cavalerie réussit à disperser » la foule (Ib.)

Ces incidents ne furent point oubliés ; aussi se trouva-t-elle au premier rang sur la liste des *suspects* à incarcérer lorsqu'arriva la crise des emprisonnements (12 frimaire an II). De ce jour elle se vit traînée de prisons en prisons, à Blois, à Orléans, et à Pontlevoy jusqu'à ce que le proconsul Guimberteau eut prononcé sur son sort (27 nivôse an II, 16 janv. 94) : ainsi expiait-elle un crime constaté en ces termes sur la feuille d'incarcération : « Motif : on a surpris chez elle une chapelle ».

Tel était le sort de ceux qui se dévouaient alors à cacher les serviteurs de Dieu, ou qui essayaient de soustraire à l'œil de la malveillance les mystères de notre Religion.

Il nous faut maintenant compléter ces
notes sur l'action et les épreuves du clergé
catholique, en faisant connaître avec quelque détail les deux auxiliaires du curé
de Saint-Nicolas.

Le plus en vue. Claude Menard, né en
1767, était un enfant de la paroisse, et habitait chez son père, n° 77 de la rue du
Foix. Ordonné seulement depuis 1790, il
vit arriver sans inquiétude (comme la
plupart des jeunes, j'en ai la preuve officielle), l'époque des divers serments. Rien
n'entama ce fier courage, et décidé à tout
il se jeta dans l'action, risquant sa vie et
maintefois dénoncé à la police ; c'est sur
lui que durant près de dix ans a reposé en
grande partie le soin de l'organisation
paroissiale.

C'est lui qui, jour par jour, a tenu note
des sacrements administrés, qui en a rap-
proché les feuilles, recopié les actes, quand
les circonstancss étaient devenues moins
précaires. Dans ces registres secrets que

nous lui devons, il nous laisse deviner les dangers courus dans l'exercice du ministère aux jours de la Terreur ; et les mesures de prudence qui y présidaient. Ayant à recopier par exemple sous la date du 20 février 1794 un acte de mariage : « les noms des parents et témoins ne sont point transcrits sur cet acte, dit-il, parce que l'ayant fait dans le fort de la persécution, il n'était pas prudent de conserver l'acte ; je n'avais gardé que les noms qui sont ici écrits, en forme de note pour m'en servir en cas de besoin ». Dans un autre acte du 31 juillet de cette année qui a nécessité la même circonspection, il a recours au témoignage, et renvoie pour les renseignements à « Augou père, « cordonnier de Vendôme » un catholique bien connu etc.

D'une intelligence toujours en éveil, il avait eu soin de réunir dans cette maison paternelle du Foix. où dès ce temps, fort probablement, se tenaient des assemblées de fidèles, tout un arsenal de brochures imprimées ou manuscrites relatives aux polémiques de l'époque ; quelques pièces même en nombre, comme le Testament de Louis XVI, pour la propagande. Nous en avons encore le catalogue soigneusement dressé par la police du Directoire, à l'occasion d'une *saisie* qui sera racontée plus loin. C'est un document qui intéresse au plus haut point l'histoire de la Persécution, et un échantillon de ce qu'était alors la Bibliothèque d'un militant. En voici d'importants extraits, avec les N^os d'ordre du procès-verbal, et tout d'abord : les *Imprimés* :

« *Inventaire des ouvrages imprimés. en brochure et en feuille trouvés chez Menard prêtre.*

N° 4. « Vingt-quatre brochures intitulées : Brefs du Pape Pie VI.

N° 5. « Dix-huit brochures intitulées : Exhortation aux vrais catholiques.

N° 6. « Deux brochures intitulées : Observation sur le serment.

Nº 7. « Quatre exemplaires du testament de Louis XVI, dont trois en feuilles et le quatrième encadré (1).

Nº 8. « Cinq exemplaires d'une brochure intitulée : Tableau historique de l'église constitutionnelle.

Nº 9. « Une brochure intitulée : La légitimité du serment civique.

Nº 10. « Parodie de la Marseillaise intitulée : Hymne du Chrétien.

Nº 11. « Quinze exemplaires de Lettres Pastorales de différents évêques.

Nº 12. « Une brochure intitulée : La Grandeur du mal en sera le remède.

---

(1) Il se fit durant la Révolution une propagande incroyable de ce Testament. La balle des colporteurs en dissimulait souvent des exemplaires sous des monceaux de papiers indifférents. Il y eut ainsi, même pendant la Terreur, un service secret de librairie qui paraît avoir été organisé par les Letourmi d'Orléans. Le 16 brumaire an II, le Comité Central arrêtait un de ces agents qu'on trouva « nanti de livres de prières très fanatiques et de nombre d'exemplaires du testament de Louis Capet », lequel déclara s'appeler Delantes, et « tenir ses exemplaires de Letourmy libraire, place du Martroi » (A. D., L. 1991).

Nº 13. « Une brochure intitulée : Défense de Louis prononcée à la barre de la Convention.

Nº 14. « Deux exemplaires intitulés : Parallèle entre la Constitution faite par l'Assemblée nationale et la Constitution demandée par les cahiers du peuple, dédié aux trois Ordres du royaume.

Nº 15. « Deux brochures intitulées : l'Incompétence du pouvoir civil dans les choses spirituelles.

Nº 16. « Deux brochures intitulées : Réflexions simples d'un électeur religieux qui ne veut nommer qu'aux places vacantes.

Nº 17. « Un exemplaire intitulé : Catéchisme nouveau et raisonné sur la Constitution nouvelle de France.

Nº 19. « Une brochure intitulée : Grand jugement de la mère Duchesne.

Nº 20. « Une brochure intitulée : Arrêtez les fripons.

Nº 21. « It. : Nouveau dictionnaire pour

servir à l'intelligence des termes mis en vogue par la Révolution, dédié aux amis de la religion, du roi et du sens commun.

N° 22. « It. : Les préjugés légitimes contre l'Eglise constitutionnelle.

N° 25. « It. : Observations sur le sermen prescrit aux ecclésiastiques et sur le décret du 16 novembre qui l'ordonne.

N° 27. « Item. : Mon apologie.

N° 28. « Défense de mon apologie contre Henry Grégoire.

N° 29. « It. : Point de démission.

N° 32. « Entretien d'un curé avec son paroissien.

N° 33. « Exposé de notre antique et seule légale Constitution française d'après nos lois fondamentales.

N° 34. « Deux nouveaux motifs de confiance et nouvelles règles de conduite dans le temps présent.

N° 36. « It. : Question décisive sur les pouvoirs ou la juridiction des nouveaux pasteurs.

N° 37. « L'Eglise constitutionnelle convaincue d'erreur de mensonge et de schisme.

N° 38. « Deux brochures : Actes du consistoire secret tenu par Pie VI.

N° 39. « Examen de l'instruction de l'Assemblée nationale sur l'organisation prétendue civile du clergé.

N° 40. « Les principes de la foi sur le gouvernement de l'Eglise en opposition avec la Constitution civile du clergé.

N° 42. « Les intrus jugés au tribunal de la religion.

N° 43. « Deux entretiens d'un citoyen avec un théologien sur le Bref du pape Pie VI.

N° 44. « Exhortation à tous les prêtres et fidèles de l'Eglise catholique pour le temps de persécution avec des notes essentielles sur la souveraineté des rois.

N° 45. « Avis aux vrais catholiques dans les circonstances actuelles.

N° 46. « Lettre de M. Talleyrand sur

son rapport concernant l'admission égale de tous les cultes.

N° 47. « Entretien d'un néophyte avec un missionnaire.

N° 48. « Instruction sur les devoirs du ministère ecclésiastique...

N° 50. « Apologie du Clergé de France sur l'instruction pastorale de l'Assemblée nationale concernant l'organisation civile du clergé.

N° 51. « Exposition des principes sur la Constitution du clergé.

N° 52. « Les premiers efforts de schisme dans la Touraine, repoussés par la voie de la vérité (2 exemplaires)...

N° 54. « M. Grégoire dénoncé à la nation.

N° 55. « La nouvelle Eglise de France, par un curé catholique romain et vrai patriote, la 2e année de la persécution.

N° 56. « Légitimité du serment par Grégoire...

N° 58. « Apologie de Mlle Gertrude.

N° 59. « Deux exemplaires petit psautier latin français.

N° 60. « Deux exemplaires association spirituelle...

N° 64. « Journal ecclésiastique août 91.

N° 65. « Observations d'un ami à son ami sur la lettre d'un ministre de l'Evangile à l'Evêque de Blois.

N° 66. « Prière à faire matin et soir pour implorer la miséricorde de Dieu dans les calamités qui affligent le royaume de France.

N° 67. « Réplique à la réponse de M. le curé de Naveil.

N°ˢ 68 à 72 « Missel, Graduel, office des morts, diurnal, rituel à l'usage du diocèse de Blois ».

Vient ensuite l'énumération des manuscrits. Ce second catalogue est plus intéressant encore, et surtout plus utile pour l'histoire du culte à Saint-Nicolas, grâce aux pièces d'ordre religieux ou administratif qui s'y trouvent mêlées aux documents ecclésiastiques et aux écrits polémiques

du temps. En voici les articles avec le numéro dont chacun est précédé dans le procès verbal de saisie :

Manuscrits.

N° 73. « Extrait de naissance de Claude
Menars.

N° 74. « En l'année 1792 notes sur deux
demi feuilles contenant 4 actes de baptêmes
signés Bimbenet vicaire de Saint-Nicolas,
2 actes de mariage signés Gallois curé
de Saint-Nicolas.

N° 75. « En l'année 1794 le 5 décembre
un acte de mariage signé Menars prêtre
avec nota : inséré sur le registre de Saint-
Nicolas.

N° 76. « En 1795 sur huit notes sont
inscrits 4 actes de mariage signés Menars
prêtre catholique apostolique romain.

N° 77. « En 1796 cinq actes de baptême
dont un signé Bergeron prêtre, un signé
Baignoux prêtre, un autre signé Porcher,
un signé Menars, et le 5e sans signature —
4 actes de mariages le 1er signé Bergeron

prêtre, un autre signé C. Bouton curé d'E-
piais, le 3e signé Guillon prêtre vicaire de
Saint-Jean et Saint-Claude-Froimentel, et
le 4e signé Menard prêtre avec nota : inséré au registre de Saint-Nicolas.

N° 78. « En 1797 sur 12 notes sont inscrits 10 actes de naissance, le 1er signé
Thébault, curé de Maray ; le 2e id ; le 3e
signé Marnat p. ; le 4e signé M. F. Cheron ;
le 5e signé Bouton p. curé d'Epiais : le 6e
Bergeron vicaire de Saint-Nicolas ; le 7e signé Marnat ; le 8e signé Menars ; le 9e signé M. F. Cheron — 10 sans signature —
Plus un acte de mariage du 15 février 97
signé Bouton prieur c. d'Epiais ; Item un
acte du décès constaté le 10 juillet 97 de
dame Marie Foyal veuve ; signé Gallois.

N° 79. « En 1798 sur sept notes sont
inscrits onze actes, dont 9 actes de naissance sans signature.

N° 80. « Petit in-4° intitulé de par la
mère Duchesne Anathèmes très énergiques
contre les jureurs.

N° 81. « Addition aux réflexions sur le nouveau serment.

N° 82. « Avis à MM. nos confrères du Diocèse de Blois. Cet avis est une note disposée de manière qu'on puisse reconnaître les vrais fidèles, composée de 14 articles.

N° 83. « Avis aux fidèles habitants de la paroisse de Saint-Nicolas sur la conduite à tenir dans les circonstances présentes.

N° 84. « Sept mémoires d'ouvrage fournis pour la paroisse Saint-Nicolas.

N° 85. « Une lettre adressée à M. Menars contenant envoi de chandelliers, sur le dos de laquelle sont des notes de recettes et de dépenses sans signature relatives à la confrérie du Saint-Sacrement et celle des agonisants, des reçus pour les places à Saint-Nicolas, et un reçu pour les places et quêtes faites chez M. Cuffaux.

N° 86. « Notes sur feuilles volantes portant quatre reçus signés Menars vicaire de Saint-Nicolas, des mains de M. Cuffaux provenant des quêtes faites chez lui aux offices divins datés du 9 décembre 1796, 1er janvier, 19 avril et 8 juin 1797.

Nᵒ 87. « Petit livret intitulé : état des ornements, vases sacrés et linges qui servent pour le culte catholique de la paroisse Saint-Nicolas ; 2° objets appartenant aux Dames Carmélites ; 3° à M. Gallois curé de la paroisse ; 4° objets appartenant à la paroisse.

Nᵒ 88. « Petit livret sur un côté duquel est l'inventaire des effets servant au culte catholique de la paroisse de Saint-Nicolas et de l'autre côté un état nominatif de ceux qui ont contribué en argent pour les frais du culte catholique.

Nᵒ 89. « Livret en tête duquel est écrit : Les catholiques du Foix sont invités de la part de MM. les Marguilliers de la paroisse Saint-Nicolas, de contribuer suivant leurs facultés aux dépenses nécessaires pour le culte, suivant la délibération prise dans une assemblée faite le 20 août à l'issue de la messe paroissiale. Pour cela il a arrêté qu'il serait fait une quête. Suit la nomenclature des contribuables.

N° 90. « Deux livrets portant règlement pour la paroisse Saint-Nicolas avec indication des quatre locaux servant de chapelle.

N° 91. « Diatribe en vers intitulé établissement d'un nouveau coche à Blois pour le département de Loir-et-Cher 1er avril 1791, sur le nouveau clergé de Blois.

N° 92-3. Copie de « lettres » et de « Bulle de 1794 ».

N° 94. « Deux lettres signés Frileux, l'une écrite à son ami Menars, l'autre à M. Lobry.

N° 95. « Un in-4° intitulé Sentences chrétiennes.

N° 96. « Copie d'un mandement d'Alexandre Amédée, évêque de Blois, du 16 août 1792.

N° 97. «Copie de deux mandements des vicaires généraux de M. Thémines, évêque de Blois, pour le carême, du 25 février 1797.

Nº 98. « Quatre cahiers de lettres intitulées : 1º Lettre de Mᵍʳ l'évêque de Léon aux ecclésiatiques réfugiés en Angleterre : 2º deux lettres d'un ami à son ami sur la juridiction épiscopale ; — 3º Lettre de N. S. P. le Pape au cardinal de Loménie ; — Lettre de Mᵍʳ l'évêque d'Autun aux ecclésiastiques du département de Saône-et-Loire ; — Réponse des curés de Saône-et-Loire à Mᵍʳ l'évêque d'Autun.

Nº 99. « Manuscrit contenant différentes prières.

Nº 100. « Liasse contenant 46 sermons sur différentes matières.

Nº 101. « ... Nomenclature des prénoms et de l'âge des enfants... et autres particuliers habitant cette ville ».

L'abbé Cl. Menard, devenu en 1802 vicaire de la cathédrale, y continuera son travail de Bibliothécaire-archiviste, relevant et classant en des Répertoires méthodiques tous les actes paroissiaux de la ville relatifs à la période révolutionnaire. Après un long stage dans ce poste aux côtés de son ancien curé, il fut nommé à la cure de Saint-Saturnin de Vienne où il a laissé un souvenir encore très vivant chez les vieilles familles du faubourg. Il y mourut en 1828, agé de 61 ans.

Le collègue de Claude Menard à Saint-Nicolas en 1792, comme lui ordonné depuis 1790, s'appelait Jean-François-Frédéric Bimbenet. Un certain nombre d'actes paroissiaux sont en 1792 signés de son nom avec la qualification de « vicaire de Saint-Nicolas ». Né à Bracieux en 1767, il était fils de François Bimbenet conseiller à l'élection de Blois et de Marie-Madeleine Bertheaulme. Sa mère devenue veuve en 1791, habitait, comme nous l'avons dit, une maison de la rue du Foix en laquelle elle donnait asile aux réunions des fidèles ;

et fut à cette occasion inquiétée à diverses reprises, voire même incarcérée en l'an II.

Sur cinq fils, elle en avait, outre l'abbé, deux sous les drapeaux des patriotes pris par la conscription sans doute, et deux autres engagés avant 1789 dans les armées royales. A n'en pas douter, le vicaire de Saint-Nicolas, bien qu'il fut contraint, comme les autres, après la loi d'expulsion du 26 août 1792, de dissimuler sa présence, resta une partie du temps près de sa mère, et il est plus que probable que les objets du culte trouvés en la maison, lors des visites domiciliaires servaient à son usage, tandis qu'à deux pas, dans la même rue l'abbé Menard exerçait lui aussi dans la maison parernelle.

La veuve Bimbenet interrogée plus tard par l'Administration sur le sort de ses enfants prétendit ignorer sa retraite, depuis que la loi l'avait contraint de s'expatrier, mais on sait ce que vaut ce genre d'affirmations sur les lèvres d'une mère persé-

cutée dont les aveux seraient aussitôt mis
à profit. Une pièce d'Archives, du premier
germinal an III (21 mars 95) qui qualifie
Bimbenet de « prêtre déporté » lui assigne
pour dernier domicile connu la paroisse de
« Courmemin » en Sologne, où en effet la
famille possédait quelques biens. Sans attacher trop d'importance à cette indication rétrospective rédigée peut-être sur
les « on dit », il est possible que durant
les mauvais jours l'abbé ait été réduit à se
cacher là dans quelque retraite impénétra-
ble, comme il y en a dans les immensités
des landes et des bois de Sologne ; en tout
cas, soit en ville, soit aux environs, nous
croyons qu'il ne quitta pas le pays, d'autant qu'après la Terreur, il reparut à Blois
en l'an III, et s'y fit délivrer un certificat
de résidence.

La Municipalité le signale encore le 7
brumaire an IV (29 octobre 95) « comme
résidant dans la commune » ainsi que son
collègue Cl. Menard et son curé. Tous les

trois désignés à cette date comme, « sujets à la déportation » furent ainsi à nouveau l'objet de recherches ; mais la police ne put mettre la main sur eux.

L'année suivante, c'est encore à Blois qu'on le retrouve ; mais sa demeure est cette fois dans une maison « de la place du Palais » en laquelle il vivait en compagnie de sa mère.

Il continua donc plusieurs années l'exercice du ministère à Saint-Nicolas, où on le retrouve jusqu'en 1795, et accidentellement à Saint-Honoré (années 1792-94-95) ; après quoi il disparaît, soit qu'il fut contraint de se cacher, soit que la maladie qui bientôt allait le terrasser l'ait dès lors réduit à l'impuissance. Le 18 juin 1796, le vicaire général Cabarat dut ainsi le représenter comme parrain au baptême d'une de ses nièces (Reg. secrets de St-Louis) ; quelques mois plus tard un de ses frères plaidait sa cause auprès de l'Administration, et arrivait à le soustraire aux pour-

suites dont il était l'objet (3 nivôse an V,
23 décembre 1796) en établissant que la
loi de décembre 1790 relative au serment
des prêtres avec toutes ses conséquences
lui avait été illégalement appliquée, vu son
jeune âge.

Ce succès tardif ne devait pas profiter à
l'abbé Bimbenet que la mort vint surpren-
dre au domicile maternel le 11 prairial
an V, 30 mai 1797, à l'âge de 29 ans
(Reg. d'état civil). Les actes secrets de la
cathédrale font mention des prières qui à
cette occasion furent faites dans la chapelle catholique, mais sans la présence de
sa dépouille mortelle. Conformément aux
lois en rigueur ses funérailles durent s'accomplir sans aucun signe religieux « en
présence des porteurs et du commissaire »,
ainsi qu'il est noté sur l'acte de paroisse.

Mais la personnalité de ce prêtre, si at-
tachante qu'elle soit, n'est pas seule à
nous intéresser : toute la famille nous appartient. Nous allons voir bientôt que l'un

de ses frères dont il resta jusqu'à la fin le conseiller et le confident avait porté trois ans auparavant sa tête sur l'échafaud révolutionnaire. Quant à leur mère : devenue veuve au commencement de la révolution, c'était la troisième fois qu'elle reprenait ses vêtements de deuil. Digne de ces héroïques enfants, elle se multiplia, elle aussi, pour La Cause, ouvrant sa demeure aux prêtres et aux assemblées du culte : et nous l'allons voir dans les pages qui suivent, offrant en pleine Terreur l'hospitalité à des filles du Carmel, qui grâce à elle purent reconstituer sur la paroisse une réduction du grand monastère profané.

La pieuse femme, continua après cette dernière épreuve sa vie de piété, entourée de la vénération des catholiques et savourant sans doute pour sa consolation les paroles que M. Émery avait naguère écrites en parlant de son fils martyr : « Aux Carmes comme à la Conciergerie il parut un ange aux yeux de ses compagnons de captivité ». (Guillon. *Les Martyrs de la foi*).

Quant à la paroisse de Saint-Nicolas, elle doit réunir dans un même culte ces deux jeunes héros, tous les deux nourris et élevés dans son sein.

Je n'ai point à parler, à cette date, d'un troisième vicaire : l'abbé Bergeron fort méritant lui aussi, et appartenant comme les précédents à une des familles les plus chrétiennes de la contrée, car nous ne le verrons arriver dans la paroisse qu'au mois d'août 1796, après les épreuves de la plus dure captivité ; c'est donc en racontant cette dernière phase de la vie catholique à Saint-Nicolas que son nom avec celui de quelques collaborateurs bénévoles se retrouvera dans cette Notice.

Église Saint-Lomer. — Colonnes et chapiteaux de l'Abside (xiie s.)

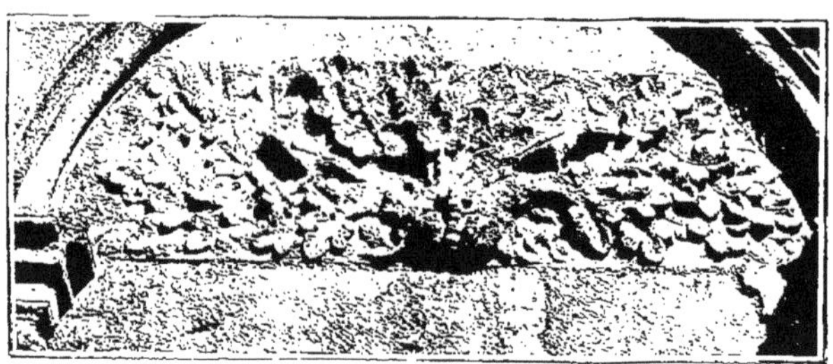

Les Richesses d'Art de Saint-Lomer.
Le Pendentif du portail (xiiiᵉ s.)
Sujet décoratif de toute rareté. (Cf. p. 252).

IV

ATTITUDE DES MOINES. — SURVIVANCE DE LA VIE CLAUSTRALE SOUS LA TERREUR : UN GROUPE DE CARMÉLITES ; UN AUTRE DE VISITANDINES SUR LA PAROISSE.

Après tout ce que nous avons dit de la foi populaire et du dévouement des fidèles à leur paroisse et à leurs pasteurs, on serait justement surpris si nous omettions de constater ici la fidélité de nos religieuses à leur vocation.

On sait que malheureusement les communautés d'hommes suivirent une voie toute différente. A l'exception des Eudistes du Séminaire qui tous, sauf un, restèrent fidèles, la plupart des moines : Bénédictins, Génovéfains, Minimes, Capucins, Dominicains se dispersèrent ; et quelques-uns même rompirent avec leurs vœux de la façon la plus scandaleuse. Les moines égarés furent recueillis par Grégoire, dont ils obtinrent des postes séculiers.

Dès le 28 novembre 1790 le monastère de Bourgmoyen était évacué. Vers le même temps nous avons rencontré les épaves du couvent de Saint-Lomer errant dans les églises et les communautés de la ville. Jacobins, Capucins et Minimes avaient, à très peu d'exceptions près, opté en avril 1790 pour la sécularisation, entre les mains de la Municipalité. Pourtant le père Zozime capucin et deux frères lais de l'ordre doivent être signalés pour leur attitude ; s'étant déclarés « dans l'intention de rester en communauté et de vivre et mourir dans le cloître ».

Malgré ces abdications, l'exode des moines ne se fit pas en un jour ; et au mois de janvier 1791 plusieurs des couvents n'étaient pas encore évacués, ou ne l'avaient été que partiellement, comme nous l'apprend une lettre du maire de Blois à l'Ad-

ministration supérieure fort peu honorable
d'ailleurs pour les religieux dont il nous
décrit la fiévreuse impatience : « Messieurs
les Jacobins, Capucins, Minimes et Saint-
Lazare, dit-il, ne cessent de nous solliciter
pour qu'on les débarrasse des argenteries
de leurs églises, voulant évacuer leurs
maisons. Donnez-nous des ordres ; nous
ferons droit à leurs réclamations » (Lettre
du sʳ Petit, maire, 17 janvier 1791).

Quant aux religieuses : Véroniques, Ursulines, sœurs de la Visitation et du Carmel, ainsi que la plupart des autres, s'in-
génièrent après la dispersion de 1792 pour
trouver le moyen de continuer à vivre selon l'esprit de leur règle ; gardant la clôture, récitant l'office ; certaines se livrant
sous le couvert d'un atelier de couture ou
de broderie à l'éducation de la jeunesse,
etc.

Les limites de cette étude ne nous permettent pas de suivre les diverses com-

munautés dans les détails de leur existence,
à travers les difficultés et les périls de chaque jour ; mais nous ne pouvons nous dis-
penser de consacrer quelques pages aux
deux groupes des Carmélites et des Visitandines qui se réunissaient sur divers
points de la paroisse.

Les oublier, serait laisser dans l'ombre
une portion du bercail, et non la moins
intéressante.

Nul n'ignore que l'ancien couvent des
Carmélites était établi aux siècles passés
dans une rue du quartier du Foix qui en a
conservé le nom jusqu'à nos jours ; et d'autre part nous savons que plusieurs de ces
Dames, réfugiées dans une maison particulière à quelques pas du Cloître dont on
avait fait un « repaire des gens suspects »
y continuèrent leur vie d'édification et de
sacrifice ; nous sommes donc doublement
intéressés à raviver ici le souvenir d'un
passé lointain déjà et presque oublié, pour
ne pas dire inconnu.

Les derniers jours du Carmel. — Les premières mesures de violence contre les établissements religieux ne s'étaient pas étendues d'abord aux couvents de femmes ; et à travers les alternatives de crainte et de vagues espoirs le Carmel avait pu franchir les neufs premiers mois de l'année 1792 sans être contraint à la dispersion, bien que préparé de longue main par les menaces de la loi à ce cruel dénouement. Plus de deux ans auparavant, le Directoire du District s'était déjà démasqué en dressant un inventaire minutieux, auquel nous devons d'ailleurs de précieux détails sur le Couvent d'alors, sa pauvreté évangélique, son personnel, etc. On y relève « 27 cellules » en chacune desquelles se trouve pour unique mobilier : « deux chenets de fer portant trois planches sur lesquelles sont une paillasse de grosse toile, deux draps de serge blanche. une couverture de laine grise avec un oreiller de laine ; une chaise et un petit banc », L'inventaire nous signale encore dans l'enceinte du Monastère un « Ermitage de Saint-Michel » avec son autel en bois, et nous apprend que le personnel était composé de « dix huit dames de chœur, deux novices, trois converses et deux tourières » (Arch. Dép. Inv. du 5 août 1890).

J'ajouterai que la maison avait à sa tête un homme de mérite M. Adam chanoine, auquel Mgr de Thémines adressa au début des troubles plusieurs lettres spécialement destinées à la direction des religieuses. Cet ecclésiastique fut encore un des vicaires généraux secrètement délégués sur lesquels l'Evêque se reposa de l'administration diocèsaine au cours de la Révolution, et il resta durant la dispersion le confident et le conseiller de la Communauté.

Déjà le 30 juillet 1792 deux commissaires se présentaient à la porte de la cloture, demandant qu'on leur remit les armes qu'on supposait cachées dans la maison : « Citoyen, répartit la bonne mère, nos armes, les voici, nous n'en avons point d'autres, et en même temps, elle leur montra son crucifix » (*Chroniques imprimées de l'Ordre* ; 2° série t. III, 485).

Après la terrible loi du 16 août 1792 ordonnant aux religieuses d'évacuer leur maison, il n'y avait plus rien à espérer ; on envisagea donc bien en face le sacrifice dont l'heure ne pouvait longtemps être retardée désormais ; aussi, lorsque vers la fin de septembre la Municipalité vint procéder à un nouvel inventaire (24 sept. 1792), la Communauté comprit qu'il fallait à bref délai franchir le seuil jusque là inviolé de la Clôture La mesure ne se fit pas attendre ; le 1ᵉʳ octobre une mise en demeure d'avoir à évacuer l'immeuble leur était enjointe par la Municipalité.

A cette heure de suprême angoisse, comme tout être dont la vie est menacée, elles se raidissent. réclament, et sollicitent « un jour » au moins pour leurs préparatifs de départ. Je ne sais si la demande fut agréée, mais il est certain que huit jours après la maison devait être encore occupée. puisque le 8 octobre l'une d'elles reçut les agents du Pouvoir venus pour dresser un *état* des locaux ; ce qui fut exécuté séance tenante. Nous avons encore cette pièce en laquelle sont signalés en particulier, parmi les objets mobiliers de la Chapelle : « le grand autel et ses gradins tous dorés » avec. au dessus, « un tableau représentant l'Assomption de la Sainte Vierge », et encore « deux statues de pierre l'une de Saint Joseph, l'autre de Sainte Térèse ».

Le procès verbal, contresigné de « sœur Marie-Julie de Jésus dépositaire »; fait observer que les autels sont « sans pierre sacrée ». Ce n'était pas là une exception : et plus d'un prêtre en avait fait autant, pour les soustraire aux profanations assurément. mais surtout pour conserver un objet indispensable à la célébration du Saint-Sacrifice.

Plus d'une fois, les persécuteurs, guidés sans doute par des prêtres apostats, trouvèrent dans ces larcins si respectables une nouvelle occasion de représailles, car à une époque ou « la vertu » était à l'ordre du jour et sur toutes les lèvres, dépouiller ainsi la Nation des biens qui lui étaient légalement dévolus était, on le pense bien, un forfait et une sorte d'impiété.

Incapables de rien comprendre au grimoire des vertus révolutionnaires les chères dames avaient détourné bien d'autres objets qui servirent plus tard au culte dans leurs oratoires privés ou dans ceux de la paroisse, et je ne sais quoi encore ; ce dont la Municipalité les semonça sévèrement (Reg. de Corresp. 28 sept. 1792).

Cette fois l'heure du sacrifice avait sonné, et il n'y avait plus ni délai à attendre, ni appel possible contre une mesure générale ; pourtant les Carmélites espéraient encore tourner la loi, et dans les derniers temps elles avaient laissé percer leur intention « de se réunir huit à dix, rue des Carmélites », et de garder même le costume de leur ordre. Elles pensaient sans doute que l'Administration les estimerait suffisamment en règle avec le décret d'expulsion dès lors que la Communauté cessait d'exister dans les conditions antérieures. Il leur fut répondu sèchement que ce double projet ne pouvait être ni accueilli ni toléré, à cause de son caractère d'illégalité.

Voici la lettre des édiles blésois relative à ces incidents :

« 28 septembre 1792. Mesdames. Il est douloureux pour nous de disputer avec vous le terrain pied à pied, mais notre devoir nous y contraint. Les personnes qui nous ont dénoncé les objets que nous avons réclamés offrent la confrontation avec vous, et de prouver sans réplique que ces objets existaient en vos mains lors de l'inventaire fait chez vous. Voyez,

Mesdames, si vous voulez vous y soumettre, mais prenez garde de vous compromettre.

« A l'instant, Mesdames, nous recevons ordre des administrateurs supérieurs de nous opposer à ce que vous vous réunissiez au nombre de 8 ou 10 dans une maison rue des Carmélites. Outre les ordres que nous recevons, nous devons vous prévenir que vous courriez de très grands risques si ce rassemblement avait lieu.

« Nous sommes instruits par la même voie que vous vous proposez de conserver votre costume. Ce serait, Mesdames, former un autre couvent à la porte d'un couvent, ce qui serait une inexécution formelle de la loi. Nous nous flattons, Mesdames, que vous n'insisterez pas sur cet objet : nous pensons qu'il en sera de même du premier, M. Laboulaye ira demain s'assurer de vos dernières intentions ».

Il fallut céder à la nécessité et se disperser : « La Révérende Mère Prieure, raconte la chronique déjà citée, divisa donc la communauté en plusieurs groupes, prit avec elle ses chères malades » (Ib. p. 486) ; et un suprême adieu salua ce Cloître témoin de leurs engagements éternels.

Le groupe de la rue du Foix. — Et c'est à cette heure même de la dispersion que nous sommes ramenés à notre étude sur la vie religieuse dans la paroisse ; car un de ces groupes en quittant la ruche mère, au lieu d'essaimer au loin, s'était posé dans le voisinage, recueilli par une pieuse veuve déjà connue de nous (v. p. 70): Mme Bimbenet, qui méritait à plus d'un titre cet honneur : ayant été jugée digne de souffrir de toute manière en ces temps, et dans sa personne et dans ses enfants.

C'est ce petit « Colombier de la vierge », pour parler comme sainte Térèse, que nous voulons faire connaître ici, afin d'ajouter un nouveau trait à notre tableau de la vie catholique dans la paroisse.

Trois des religieuses expulsées. Mesdames « Marie-Victoire Liberge, Marie Baignoux et Marie Fournier » s'étaient réfugiées en cette demeure hospitalière, à titre de locataires ; et passant outre à l'interdiction de la loi, elles y vivaient dans les observances de l'institut, revêtues « toutes trois de leur costume de religieuses », ainsi que le constate un procès verbal officiel daté des mauvais jours de l'ère sanglante (28 mars 1793).

Dans une chambre, à défaut d'autel, elles avaient disposé un meuble de hauteur moyenne, dont un marchepied trahissait la destination manifeste. Rien ne manquait d'ailleurs de ce qui est nécessaire au culte. Calice et patène, flambeaux, linges, pains d'autel étaient rangés soigneusement dans les armoires et les boîtes, à côté de nombreux reliquaires, héritage emporté du couvent.

Notre petite Communauté vivait là bien en paix, oubliant presque, à la tranquillité de l'arche, sur quels flots bouleversés elle était portée, lorsque le 28 mars 1793 une visite inquisitoriale prescrite à l'impromptu au domicile des « personnes suspectes » amena chez la veuve Bimbenet les délégués des trois administrations (Département, District et Municipalité). La maison fut explorée de fond en comble, évidemment pour voir s'il ne s'y trouverait pas quelque prêtre réfractaire, car c'était le but ordinaire. Cinq personnes seulement y furent rencontrées : la maîtresse du logis et sa domestique, ainsi que les trois religieuses.

La perquisition allait son train, lorsque l'attention des commissaires se porta tout particulièrement sur une chambre occupée par ces dernières, où disent-ils : « avons vu un buffet servant d'autel avec un marchepied, un parement d'autel, huit chandeliers en bois, un calice et sa patène, une châsse dorée, un Christ, trois boîtes pleines de pains à chanter..., etc. ».

Les visiteurs ayant alors manifesté la volonté de faire ouvrir tous les meubles : à ce moment les religieuses se troublent, font difficultés sur difficultés, et perdent un peu contenance. Qui sait, peut-être parce que la Sainte Eucharistie était là ! Toujours est-il qu' « ayant remarqué, comme ils disent en leur procès-verbal, une sorte d'inquiétude », nos hommes n'en deviennent que plus soupçonneux et décident de poser partout les scellés, emportant-même divers objets, boîtes et portefeuilles pour les déposer au Comité Central et les inventorier plus tard à loisir.

Huit jours après avait lieu la levée des scellés. Fort heureusement les yeux si pénétrants du Comité n'y trouvèrent que les effets de « ces Dames » (ainsi sont-elles appelées par une exception des plus rares), une soixantaine de « livres de dévotion, cinq boîtes remplies de reliquaires et différents tableaux » avec quelques lettres n'ayant aucun caractère anticivique ; ainsi le groupe du Foix paraît, pour cette fois du moins, n'avoir pas été inquiété.

Il n'en fut pas de même de la généreuse femme qui l'avait accueilli ; et lorsqu'arriva la fureur d'incarcération du mois de frimaire, an II, elle fut portée sur les listes, et enfermée quelque temps au « second repaire de suspects », nom qui décorait alors l'entrée de l'ancien monastère de la Visitation.

Depuis cette alerte nous perdons la trace du modeste cénacle de la rue du Foix. D'après une note que l'on va lire à l'instant il est vraisemblable que les trois Carmélites y restèrent au moins jusqu'à la mort de Robespierre. Leur vie y fut celle que les *Chroniques* de l'ordre nous ont retracée (Ib. p. 486).

« Quoique dispersées, y lit-on au sujet des divers groupes, elles continuèrent, autant que les circonstances le leur per-

Les Richesses d'Art de Saint-Lomer
Fragment de l'antique autel de Sainte-Marie Egyptienne.
Rétable en pierre, de haut relief (xve s.)

Les Richesses d'Art de Saint-Lomer.
La statue de la Madeleine. (Cf. p. 177).

mirent, l'observance régulière. Le saint office était régulièrement récité, mais à voix basse, afin de ne pas donner l'éveil aux ennemis de tout culte religieux, et bien plus encore pour ne point compromettre les personnes charitables qui leur donnaient l'hospitalité. Le silence était religieusement observé et l'oraison faite assidûment. Autant que possible rien ne se faisait sans la permission de la R. M. Prieure, permission que l'on demandait par écrit, car aucune n'osait sortir de sa retraite.

« C'est dans ces conditions que se passèrent les temps les plus orageux de la révolution. Il y eut sans doute des alternatives de crainte et d'espérance, mais Notre-Seigneur veilla sur ses épouses et les préserva d'une persécution sanglante.

« La mort de Robespierre (28 juillet 1794) fit sentir son influence jusque sur les débris du Carmel de Blois. La R. M. Félicité se hasarda à louer une maison destinée à réunir ses filles, surtout celles qui n'avaient pas de famille. Pourtant il parut prudent de ne pas admettre toutes les religieuses dans la crainte de réveiller la persécution par une réunion trop nombreuse. Ce ne fut qu'au commencement de juillet 1800 qu'on put réunir toutes les survivantes ; aucune ne manqua à l'appel de la mère Prieure. La communauté reprit dès lors tous ses exercices... les Carmélites conservèrent des habits séculiers et ouvrirent des classes pour les enfants pauvres sous le nom de *Filles de la Croix.* »

Les religieuses de la Visitation à Chambourdin. — Moins de six mois s'étaient écoulés depuis la dispersion des filles de la Visitation Sainte-Marie ; et déja, elles aussi, s'étaient distribuées dans les différents quartiers de la ville, et cherchaient à y reprendre autant que le permettaient les circonstances leurs exercices monastiques.

Surveillées de fort près par le Comité Central, quelques-unes ne purent échapper à l'incarcération. Plus favorisées que les autres, deux de ces religieuses, les sœurs Suzane de Chantal et Marie-Louise-Stanislas avaient eu le bonheur de trouver un abri sur la paroisse, dans la maison même de leurs parents. C'est au domicile de leur mère Mme Jousselin qu'elles vécurent, aussi retirées que dans leur cloître, tant que dura la tourmente. Connues sans doute de la police, elles durent assister là plus d'une fois, anxieuses et tremblantes, à ces visites domiciliaires d'une maison dénoncée comme des plus suspectes.

Fréquemment, nous l'avons dit, la rue Chambourdin avait vu passer en effet des personnages mystérieux « prêtres déguisés, *religieuses*, et autres » dont les rassemblements chez cette veuve se faisaient à la tombée du jour jusqu'à une heure avancée de la nuit (p. 82). A la barbe des Jacobins du lieu : là, autour de ces pieuses dames, tout un mouvement catholique était entretenu par des ecclésiastiques dévoués ; on célébrait des messes, on administrait les sacrements ; quelques sœurs de l'ancien monastère se glissaient même dans l'assistance « de temps en temps » reconstituant ainsi pour quelques heures la famille religieuse ; et quand les fidèles et les amis étaient repartis, les deux sœurs « reprenaient, nous disent les annales de l'ordre, les devoirs de leur saint état avec la même ferveur et régularité que dans le Cloître, jusqu'à chanter ensemble l'office » (Circul. au décès de sœur Louise-Stanislas Jousselin, décédée à 86 ans et de profession 53, le 15 février 1838).

Il arrivera même que des religieuses de l'institut se laisseront entrevoir dans les chapelles domestiques de Saint-Nicolas, prêtant leur concours au ministère pastoral. Les sœurs Anne Gidoin et Jeanne Leclerc par exemple sont appelées comme 3ᵉ et 4ᵉ témoins à un mariage sous la Terreur par le vicaire Claude Ménard, « les circonstances, écrit-il, ne permettant pas d'en avoir d'autres ». (Reg. secret de S. Nic. 20 février 1794)

D'autrefois, c'est au chevet d'une malade ou aux prières d'obsèques d'une de leurs sœurs morte sur la paroisse qu'on voit se grouper la communauté dispersée Le 31 juillet 1797 trois d'entre elles s'unissent ainsi à l'abbé Bergeron pour faire, à domicile, avant l'arrivée de l'officier public, les cérémonies funèbres auprès du corps de « Térèse Angélique Prévost tourière visitandine » et apposent à l'acte leur signature : « Louise Françoise Ligier supérieure, Marie Anne Sophie Douville, Louise Angélique Aucœur ».

Vers ce temps la communauté, nous le dirons plus loin, arriva même peu à peu à se reconstituer, et le vicaire Bergeron acceptera à l'occasion de leurs principales fêtes d'aller les évangéliser. Quand, la paix fut rendue à l'Eglise, c'est, encore sur la paroisse que se développa le groupe Blésois avant de se transporter au Mans. Un état du diocèse d'Orléans, pour la partie Blésoise, dressé en 1817 nous les montre alors réunies au nombre d'une quarantaine sur le territoire de Saint-Nicolas.

Ainsi la vitalité de l'esprit religieux triomphait des obstacles accumulés par l'impiété : et la Terreur qui planait sur le pays ne parvint ni à interrompre chez nous le sacrifice auguste des autels, ni à étouffer le cri de la prière. L'office canonique même fut régulièrement récité par des prêtres et par des servantes de Dieu.

Aux yeux des hommes qui n'ont pas notre Foi ce sont là choses de peu ; quant au croyant pour qui le service de Dieu reste en toute conjoncture le plus impérieux des devoirs, il recueille avec émotion ces souvenirs ; les plus purs et aussi les plus nobles qui se puissent transmettre à la mémoire des hommes.

V

UNE VISITE AUX REPAIRES ET LIEUX DE RÉCLUSION ÉTABLIS SUR LA PAROISSE.

Sous la pression des lois et la poussée de la faction jacobine, dès 1793, la sécurité n'existe plus nulle part. En dehors des adeptes du parti, de ceux qui ont donné des gages, nul ne sait en se levant quel sort lui réserve la journée qui commence. L'arbitraire d'un Comité, les délations du Club tiennent les honnêtes gens à la merci d'un coup de main violent ; taxes, confiscations, scellés, incarcérations, voilà ce qui les menace à tout instant. (Voir Doc. annexe n° 8).

La ville bientôt n'est plus qu'un amas de geôles : et la paroisse à elle seule en compte jusqu'à quatre sur son territoire. Outre la prison qui ne désemplit pas, on a transformé en hâte, au moyen des grilles arrachées aux églises et aux chapelles, la plupart des anciens couvents en « maisons de réclusion » pour les prêtres réfractaires et autres suspects ; quant au titre privilégié de « repaire », deux de ces établissements seuls, les Carmélites et la Visitation, en sont investis, et à l'entrée en gros caractères se lit l'inscription : « Repaire des gens suspects ». C'est aussi l'entête que portent les lettres des détenus enfermés là, et l'adresse obligée de la correspondance qu'ils auront à recevoir. Chacun d'ailleurs a son numéro d'ordre : « premier repaire », maison des Carmélites ; « second repaire », la Visitation. Destiné un instant à l'établissement d'une École centrale, ce dernier n'eut qu'une existence éphémère ; l'autre dura de longues années.

Faisons tout d'abord connaissance avec l'établissement de la rue des Carmélites. Il a gardé son cloître ; sa chapelle encore

reconnaissable est devenue une grande
salle, où Dufort de Cheverny nous montre
ses amis jouant « 2 heures par jour au
ballon » et à toute sorte de jeux d'adresse,
pour occuper leurs loisirs forcés. Il y a
un salon commun ou la société « se ras-
semble ; avec tric-trac dressé et autres
parties de jeu » (Dufort. *Mémoires*). A
l'étage supérieur, les cellules de chaque
prisonnier sont les chambres mêmes des
carmélites auxquelles rien n'a été changé ;
elle étaient si pauvres ! sauf que le crucifix ne s'y voit plus attaché à la muraille.

Comment on y vit, il est facile de le savoir par les habitants qui en ont témoigné, Dufort, l'un d'eux, en a surtout décrit les aspects mondains ; une jeune fille
qui s'y fit captive volontaire pour assister son père le notaire Puzela nous le
fait voir sous un jour plus sévère (Mém.
de Me Vallon. Paris 1913), sans négliger
toutefois de nous initier à l'existence de
ces hommes de salon qui s'amusent, ri-

ment des couplets, tiennent table ouverte
et continuent leur vie frivole, tandis qu'à
deux pas languissent des infortunes comme
la sienne ou celle de pauvres religieuses,
qui souvent manquent du nécessaire et
souffrent surtout de n'avoir là ni la messe
ni la Sainte communion.

Les prêtres insermentés y sont particulièrement à plaindre : car le club et tout
le parti avancé les surveille d'un œil
attentif. S'il a quelque ombrage des repas
et des réceptions des aristocrates, ce
qu'il redoute surtout c'est de voir l'influence du clergé fidèle se perpétuer dans
la ville, et leurs amis assiéger la prison
pour en recevoir conseil et direction,
peut-être même des absolutions qu'on ne
daigne pas réclamer du clergé officiel.
Aussi un arrêté visiblement inspiré par
le président du Comité central, le prêtre
Fouchard, interdira-t-il toute visite durant
la quinzaine de Pâques, quant à cette classe
de détenus (1793).

En frimaire an II, ceux qui étaient enfermés là coururent sans le savoir les plus graves dangers. Dans l'affolement où se trouvaient les Administrations lors de l'avance Vendéenne sur La Flèche et Le Mans, un commissaire étranger osa proposer d'en purger la ville en les faisant escorter jusqu'à Orléans par Lepetit, qui venait de semer sur la route de Saumur à Blois des centaines de victimes : tandis qu'une autre émettait l'idée de creuser une mine sous la maison pour la faire sauter.

Avant de quitter cet asile, ne manquons pas de jeter un regard en passant sur le cerbère qui en garde l'entrée : le père Boyle dit Mazure, un vrai type de l'emploi, et que ses pensionnaires aimaient assez : « au demeurant le meilleur homme possible », comme dit Dufort de Cheverny. C'est sur lui que tout repose : inscription au registre d'écrou, correspondance, visites, garde des prisonniers, entrée des vivres. Il a ses heures d'indulgence et laisse passer bien des choses quand on peut faire miroiter à ses yeux une liasse d'assignats. (Mém. de Madame Vallon). Ses relations sont des plus étendues, et il n'est guère de notable du pays avec qui il n'ait eu occasion de faire connaissance : car la ville entière, et jusqu'aux Terroristes, eurent à subir, suivant les époques, la fatale loi des incarcérations.

C'est dans cette prison que firent halte pour un jour, après l'échec du coup d'État de fructidor les 16 déportés, qui avaient entrepris de renverser le Directoire. Barbé-Marbois, Pichegru, Barthélemy étaient du nombre, et la ville leur fit le meilleur accueil (26 fruct. an V.-Reg. mun.).

Une autre des maisons de réclusion situées sur la paroisse était celle des Capucins qui occupait les terrains avoisinant l'ancienne église Saint-Nicolas.

Elle eut dès son début pour destination

spéciale de recevoir les « prêtres sexagé-
naires ou infirmes » que la loi exemptait
de la déportation, malgré leur défaut de
serment.

On a le tableau d'écrou depuis l'origine ;
la première entrée eut lieu le 20 octobre
1792 (L. 2006) ; les autres s'échelonnent
de mois en mois graduellement ; mais le
nombre des reclus n'y fut jamais très élevé.
Un certain nombre d'entre eux fut même
libéré par le représentant Laurenceot après
la chute de Robespierre. Il en resta néanmoins à languir dans cet asile durant de
longs mois puisqu'encore au mois de germinal an III le Corps municipal enjoignit
au commandant de gendarmerie d'y envoyer « deux gendarmes » de garde et de ne
laisser entrer personne sans autorisation.

Quant à leur régime, on peut s'en faire
une idée d'après les renseignements conte-
nus dans une supplique qu'ils adressèrent
au Comité blésois au cours de l'année
1793. En voici le texte :

« Aux citoyens membres du Comité de surveillance de Blois. Citoyens administrateurs. — Les reclus en la maison des cidevant capucins de Blois ayant été avertis il y a trois mois des mesures prises pour leur faire fournir une nourriture commune par un adjudicataire au rabais adressèrent au juge de paix une pétition pour être mise sous les yeux des citoyens administratifs.

« Cette pétition exposait que ladite maison étant composée que de vieillards infirmes astreints à un régime analogue à leurs diverses incommodités respectives ils ne pouvaient être assujettis à une nourriture communale... Nous vous y engagions à jeter un coup d'œil de commisération sur de pauvres vieillards affligés et abandonnés à la spéculation lucrative d'un fournisseur intéressé...

« Cet inconvénient si facile à prévoir ne s'est malheureusement que trop réalisé. Une nourriture au rabais composée d'aliments de rebut, sans apprêt et toujours dans une quantité insuffisante ; une boisson affadie et d'un dégoût repoussant ; tel est le genre de pénitence qui surcharge depuis trois mois le poids de nos captivités.

« Des représentations, des plaintes même ont pu quelquefois se faire entendre de notre part. Mais qu'elles ont été bientôt comprimées par les reproches de la personne intéressée qui faisait retentir à plusieurs fois la maison d'imprécations contre ceux qui l'habitent... Il est un moyen de pourvoir à nos besoins d'une manière qui nous soit avantageuse. Continuez de nous faire fournir le pain comme nous l'avons reçu jusqu'ici, ne pouvant nous le procurer nous-mêmes. Accordez-nous en argent ce que vous arbitrerez suffisant pour le reste de notre subsistance. Vous connaissez mieux que nous le prix de chaque chose... Cette mesure nous mettra à portée d'appliquer votre secours à nos besoins, elle n'excitera la réclama-

tion de personne, et elle procurera la satisfaction à tous... »

> Signé : SIMON, BABAULT, CHERON.
> BOUTON, BESNARD, CHEREAU,
> POINTEAU, BRY, COUSTARD, FRO-
> MET, BERTHEAUME, CHERON, LE-
> COMTE, BOUTAULT RUSSY, MACÉ,
> GROUGNARD, BASSET, MEUNIER,
> FERRAND, GASTINEAU. PICHERÉ,
> REYDELLET, GRISON.

Les *Minimes*, vaste enclos situé également sur la paroisse eurent, eux aussi,
mais pour assez peu de temps la destination de « maison de réclusion »[1]. On y mit
des prêtres, et parmi eux un des vicaires
de Saint-Honoré cité plus d'une fois en ce
livre ; dont l'évasion mit en grand émoi
l'administration Voici le compte-rendu de
cette affaire qui a l'avantage de nous
faire connaître de plus près une des per-
sonnalités les plus sympathiques du clergé
Blésois militant :

« Du procès verbal dressé par le Procureur de la commune de Blois il appert que le 27 janvier 1793, an II de la république, le concierge de la maison d'arrêt établie en la maison des cidevant minimes fit prévenir le Procureur de l'évasion de Cayer prêtre insermenté sur les 8 ou 9 heures du soir... La porte de la chambre dudit Cahier s'est trouvée ouverte quoiqu'elle eut été exactement fermée. La gâche qui ne tenait qu'avec des clous non rivés avait été arrachée. Sur la table dud. Cayer était un papier écrit de sa main et signé de la lettre initiale de son nom. Sur le chevet de l'église ont été trouvés les sabots fourrés dud. Cayer et son chandellier. Dans la sacristie de cette église est une croisée à la hauteur de 4 pieds au dessus du sol par laquelle un homme ne peut passer qu'en s'allongeant sur le ventre par laquelle le concierge présume que led. Cahyer a pu s'évader, et de là par une brèche du mur d'enclos élevé de 3 pieds et demi au dessus de la rue.

« En fin du procès verbal est la copie
d'un écrit du prêtre Cayer par lequel après
avoir témoigné à Thyau (concierge) ses
inquiétudes sur son sort à l'occasion de
son évasion... il lui ajoute que dans le cas
ou l'on voudrait sévir contre lui, il lui pro-
met de se rendre prisonnier. » (Séance
publique du Directoire du District 16 février 93. — qui révoque lé concierge
comme coutumier de favoriser les éva-
sions).

La maison des Minimes perdit de
bonne heure son caractère de succursale
des prisons : dès le commencement de
l'an III on mit en avant le projet d'y établir une fabrique d'huile d'un genre absolument nouveau. Il s'agissait de subve-
nir à la pénurie extrême du luminaire.
l'huile à brûler faisant totalement défaut
depuis l'hiver 93 qui avait gelé « tous
les noyers ». On vit alors dans le fruit du hê-
tre d'ordinaire négligé, une ressource possible. Un appel fut envoyé aux divers dis-

tricts pour connaître les moyennes de la production en chacun. Romorantin fit savoir que la contrée n'en produisait pas : le reste du département se désintéressa ; finalement c'est à Blois et surtout en forêt de Russy que se localisa tout l'effort,

Le 23 vendémiaire an III le Directoire du district arrêtait que les livres encore en dépôt aux ci-devant Minimes, et provenant de l'ancien séminaire en seraient enlevés ; et que les locaux seraient en hâte « destinés à l'établissement d'une huilerie de graines de faîne ».

Aussitôt l'administration avise à la construction d'un moulin, dont plus tard on fit actionner les roues par deux chevaux. Le plus difficile était d'obtenir des bras pour la cueillette. On mit à contribution les riverains de la forêt, les « nobles », les prisonniers ; « les nobles, écrit l'agent national de Blois, ont partagé les travaux pour la cueillette des faînes » (30 vendém. an III). Finalement on aboutit à une collecte de « 1.701 boisseaux de fruits » reçus en magasin du 4 vendémiaire au 4 frimaire. Le 30 brumaire an IV l'atelier fermait, après avoir établi ses comptes, et perdu une somme assez ronde ; mais il avait pu distribuer à la population une certaine quantité d'huile tant pour le service de la table que pour l'éclairage.

Cette maison des Minimes qui à la fin du XVIIIe siècle avait abrité le Séminaire diocésain, pendant que l'évêque Thémines se lançait dans une reconstruction, devait revenir deux fois encore à l'Eglise, puis lui être à nouveau enlevée par la loi de séparation. Avant même d'être achetée pour l'établissement d'un petit séminaire dans les années qui suivirent le Concordat, elle avait servi de retraite aux anciennes Ursulines de Blois, qui, vers 1800. s'y étaient rassemblées grâce aux libéralités de Mme Maréchau la Chauvinière, l'une d'elles.

Cette religieuse, raconte Me Pardessus, ayant conçu le projet « d'établir des écoles du premier âge pour l'instruction des pauvres » acheta à cette fin « l'ancien couvent des Minimes pour y demeurer avec quelques-unes de ses compagnes » : voulant en même temps assurer l'existence des sœurs, elle avait passé avec M. Bellenoue-Villiers un contrat de rente viagère de quatre mille francs répartie sur seize têtes, le 23 nivôse an IX. C'est à cette occasion qu'elle fut amenée à plaider contre certains de ses héritiers, et confia la défense de ses droits à M. « Pardessus fils ainé » de qui nous tenons ces divers détails (Plaidoyer imprimé : carton n° 40, à la Bibl. municipale).

Je n'insiste pas sur les deux maisons de réclusion de la *Visitation* et des *Ursulines*, qui n'eurent pas d'ailleurs l'importance des deux premiers établissements dont j'ai parlé. La 1re n'appartient pas à notre histoire, si non indirectement par

les prisonniers qui y furent détenus. Nous
avons encore par exemple la levée d'é-
crou de M. Cuffault un des catholiques les
plus méritants de la paroisse qui fut incarcéré à la Visitation ; et le billet suivant
daté du même jour, 8 frimaire an II :
« Nous permettons aux citoyens Cufaux,
Porcher, Cuper... d'entrer aux Saintes-
Maries pour y prendre leurs effets, et d'en
sortir de suite » (L. 1995). Le nom de
quelques autres paroissiens de Saint-Nicolas y pourrait être pareillement relevé,
celui de D^me Bimbenet par exemple qui y
fut elle aussi internée une dizaine de
jours, ainsi qu'un de ses fils, en frimaire
an II, et en sortit le 23, de l'assentiment
du Club. — Quant au local des Ursulines
(Ecole Notre-Dame), il servit transitoirement de geôle aux prêtres insermentés,
jusque là reclus aux Carmélites, et qu'on
voulut en Juillet 1793 séparer des autres
prisonniers (L. 961 et 124).

VI

UN ENFANT DE LA PAROISSE : BARTHÉLEMY BIMBENET, SUR L'ECHAFAUD RÉVOLUTIONNAIRE, 7 VENTOSE AN II (25 février 1794).

Lorsqu'on parcourt la liste funèbre que L. Prudhomme a dressée dans son *Dictionnaire des individus envoyés à la mort judiciairement pendant la Révolution* (Paris, an V), on rencontre l'article suivant :

« Bimbenet, Barthélemy dit Laroche ci-devant soldat..., condamné à mort... le 7 ventôse an II, par le Tribunal révolutionnaire de Paris ».

Cette brève mention évoque le souvenir d'un jeune homme appartenant à l'une des meilleures familles de Saint-Nicolas, Barthélemi-Benjamin, né à Courmemin le 16 mars 1771, dont les tribulations, le supplice et le mâle courage en face de la mort achèveront le tableau déjà si chargé que nous avons entrepris de retracer.

La famille Bimbenet de Blois, alliée à celle de Cour-Cheverny, avait à sa tête au début de la Révolution « François Bimbenet conseiller à l'Election, demeurant paroisse de Saint-Nicolas », époux de Marie-Madeleine Berthaulme. Celle-ci par contrat de mariage passé à Bracieux le 7 avril 1766 lui apportait divers biens situés en Sologne et en particulier « l'étang de *La Roche* situé dans la paroisse de Mur ». A en juger par les actes de naissance des enfants, il semble bien que la famille ait durant les premiers temps habité Bracieux et Courmemin ; mais dans les années voisines de 89 c'est à Blois, dans sa maison de la rue du Foix qu'on la trouva installée définitivement...

Cinq enfants, dont l'un est souvent désigné dans les actes administratifs sous le nom de Lobat, et un autre sous les noms de Banguin ou La Roche, empruntés suivant l'usage du temps à des terres ou à des propriétés de famille, naquirent de cette union, à des dates fort rapprochées. L'acte de baptême de Barthélemy porte la mention : « né à Banguin » (Archives de Courmemin) ; et nous entendons Mᵐᵉ Bimbenet en personne nous raconter à diverses reprises la destinée de chacun de ses cinq garçons : Jean-François-Frédéric, celui que nous connaissons pour ses services comme vicaire de la paroisse Saint-Nicolas, René-François, Barthélemy-Benjamin, Félix César et Gentien Samuel.

Les études au collège n'étaient pas encore achevées que la famille se trouvait déjà réduite, et tandis que l'aîné prenait la voie du sanctuaire, deux de ses jeunes frères optaient pour la carrière des armes et s'engageaient dans les troupes royales aux derniers jours de la monarchie, bien qu'à peine âgés de 15 à 16 ans « Étant encore au collège, raconte leur mère, Félix César s'est engagé à 15 ans et demi dans le régiment du Maine » ; quant à Barthélemy-Benjamin, celui qu'on appelait La Roche, « d'un caractère impétueux et bouillant » et cédant à « son goût décidé pour le parti des armes il s'engagea volontairement sans la participation de ses père et mère et contre leur gré, à 16 ans et demi dans le régiment du Royal-Comtois ».

Sur ces entrefaites leur père vint à mourir (avril 1791) laissant une succession des plus compliquées, vu la difficulté d'administrer des biens fort disséminés, mais surtout en raison du séquestre qui en empêcha de longues années le partage à cause de la prétendue émigration de « trois des enfants ». Le 3 octobre 1792, le procureur syndic du District de Romorantin dans l'enclave duquel se trouvait la majeure partie de l'héritage se fondant « sur la rumeur publique » affirmait que « d'après les sentiments d'incivisme qu'ils avaient toujours manifesté, il y avait lieu de croire qu'ils étaient émigrés » et réclamait en conséquence que leurs biens fussent « mis sous la main de la nation ».

Fondée sur ces insinuations, la même administration inscrira plus tard sur un Tableau des *émigrés* cette note qui vise la famille : « Nom : Bimbenet ; 3 enfants (émigrés) sur cinq, deux étant restés fidèles à leur patrie » ; et sur un autre, avec plus de détail (2 oct. 1793) :

« Bimbenet, Jean-François, prêtre.

« Bimbenet, Barthélemy-Benjamin ; surnom : *La Roche* ; — profession : soldat au cidevant royal-Comtois.

« Bimbenet, Félix-César ; — surnom : Lebat, soldat au cidevant régiment du Maine ».

Ils sont tous les trois portés comme *émigrés*, avec l'indication : « dernier domicile : Blois ».

Vraie ou fausse, l'allégation du district suffit durant de longues années à tenir la famille blésoise dans un état voisin de la détresse.

A la mort de son père, Barthélemy était revenu au foyer, un peu malgré lui et sa présence aux obsèques est signalée sur les registres de l'état civil. Il resta à Blois environ un an : « A la mort de mon mari, écrit Mme Bimbenet, n'ayant personne pour régir mes biens, je le dégageai à prix d'argent, mais en 1792 il me quitta à l'âge de 21 ans, et j'ignore où il se retira » : toutefois ajoutait-elle dans une autre circonstance : « elle n'avait jamais connu en son fils le désir, même l'idée, d'émigrer ». Peut-être le fit-il à l'insu de sa mère, mais ce qui est certain, c'est qu'il servit un moment dans l'armée des Princes.

Dans le courant de 1793 nous le retrouvons à Orléans, tout entier au travail de sa sanctification ; revenu de toutes ses fougues de jeunesse pour ne vivre plus que d'une existence d'ascète et, (on peut le dire sans exagérer) dans des dispositions véritablement saintes.

Un coup de la grâce avait terrassé cette ardente nature et l'avait conduite à un nouvel Ananie, qui bientôt allait devenir le compagnon de son supplice. C'était un sulpicien de Tours, M. Ploquin que l'abbé Bimbenet connaissait. Ce prêtre, comme tant d'autres, avait cherché dans l'hospitalière ville d'Orléans, un refuge, et vivait caché dans la maison de deux sœurs institutrices, les demoiselles Barberon, lorsque la Providence lui conduisit le jeune néophyte.

Dès ce moment un immense désir de la perfection, l'aspiration au sacrifice de sa vie pour la cause de la Foi, l'abandon entier aux vues supérieures du Plan divin, sont les préoccupations dominantes du jeune Bimbenet, dans cette correspondance admirable, dont A. Guillon, conservateur de la Bibliothèque Mazarine a reproduit de précieux fragments (*Histoire des Martyrs de la Révolution*) : « Je consacre tous les jours, écrivait-il de sa nouvelle re-

traite, une demi-heure à la méditation, et
je commence déjà à y goûter des dou-
ceurs que le monde ne connaît pas ».

Avec le temps les sentiments s'affinent
encore. Le pressentiment de sa mort pro-
chaine, surtout, le hante, et il éprouve le
besoin de s'y disposer comme à une ex-
piation nécessaire de son existence antérieure ; encourageant en même temps ses
parents, s'il était appelé au grand sacrifice « à s'en réjouir comme du plus grand
honneur qui pût lui arriver ». Cette lettre
est du mois de juin 1793, antérieure de
deux mois à son arrestation.

Il était mûr pour le ciel. Bientôt la délation allait précipiter dans les fers la maison toute entière ; et les saintes filles, tra-
hies par un de leurs voisins, allaient, victimes de l'hospitalité offerte, payer de
leur vie une œuvre de miséricorde si sain-
tement humaine.

Dans la nuit du 11 au 12 septembre
1793, la demeure fut investie et l'on y

saisit le jeune Bimbenet avec l'abbé Ploquin et les deux personnes qui les avaient
reçus. Tous les quatre traînés dans la prison d'Orléans y restèrent jusqu'au 15 du
même mois et furent de là transférés à
Paris sous la garde de trois gendarmes :
« Nous eûmes le bonheur, écrivait-il à son
frère, de voir nos mains chargées de fers.
Je ne peux vous céler que je baisai plus
d'une fois le long du chemin des fers aussi
honorables : et jamais mon cœur ne nagea
dans tant de délices que pendant ce
voyage.

« Nous vîmes avec attendrissement que
la plus grande partie des personnes qui
nous approchèrent le long de la route
avaient la tristesse peinte sur le visage.
Malgré la petite gêne de nos fers, nous fî-
mes nos exercices ordinaires de piété, ce
qui attira l'admiration, la bienveillance
même de nos gardes, surtout de l'un deux
qui paraissait instruit de sa religion. Nous
le vîmes plusieurs fois verser des larmes,

et l'après dîner il ne voulait pas nous remettre nos fers. Nous l'exigeâmes cependant, craignant qu'en arrivant à Paris on
ne fit à nos gendarmes un crime de leur
humanité » (Lettre du 29 décembre 1793.
Ib.)

C'est à la Conciergerie que furent déposés les prisonniers : Barthélemy y devait
rester plusieurs mois. Son souvenir se re-
portant alors vers le pays qu'il venait de
quitter pour jamais, et sur la trahison dont
il avait été l'objet ; un de ses premiers
soucis fut de réclamer de ses parents le
pardon à l'égard du malheureux dénoncia-
teur. A peine interné il écrivait à son frère,
celui qui sera son correspondant habituel,
et que nous connaissons : « surtout mon
bon ami, quelque chose qui m'arrive,
point de vengeance, ne pensons qu'à apai-
ser la colère du Seigneur justement irrité
contre nous » (Lettre du 24 sept. 1793).
Ce sera aussi l'un de ses derniers vœux,
et suivant, en disciple fidèle, l'exemple du

grand pardon de la croix il écrira encore, la veille du supplice : « je crois que l'homme qui nous a dénoncés est dans la misère. Je désirerais que vous lui fissiez passer 100[l]. Il a plusieurs enfants, et n'a pas probablement reçu cette somme qui était l'espérance de sa dénonciation (Lettre du 24 février 1794 à son frère).

L'attente du jugement fut longue, et les captifs eurent tout le temps de se préparer au sacrifice. Les exemples de vaillance dans le groupe de leurs amis de l'Orléanais étaient là d'ailleurs pour les encourager.

Bimbenet vit d'abord disparaître un saint prêtre de Blois dont il avait fait la rencontre dans sa prison et avec qui la communauté d'infortune l'avait lié aussitôt. C'était l'abbé Saunier, aumônier de l'Hôtel-Dieu de Blois que le Comité central de Loir-et-Cher avait dénoncé aux violences de Fouquier-Tinville malgré l'impossibilité où ils étaient d'articuler d'autre grief contre ce prêtre que sa résidence en France après les décrets d'expulsion.

L'abbé Saunier monta sur l'échafaud le 30 octobre 1793 : et par un raffinement de cruauté, la vénérable femme qui l'avait abrité à l'Hôtel-Dieu fut contrainte d'assister à son exécution. Le captif, sous le coup de l'émotion, fait part à son frère de la douloureuse impression que tous en ont ressentie : « On parle encore ici, raconte-t-il, avec la plus grande édification de la mort sainte qu'a faite l'abbé Saunier que vous connaissiez, et du courage héroïque que montra cette supérieure de l'Hôtel-Dieu de Blois. Ces exemples-là consolent et fortifient ceux qui espèrent mourir de la même manière » (Lettre du 29 décembre 1793).

De sa prison il regarde s'écouler le flot sanguinaire qui chaque jour emporte tant de victimes, et se fait dans sa correspondance avec son frère l'annaliste de leurs derniers combats, en même temps qu'il recueille avec une sorte de culte religieux quelque souvenir d'eux pour l'en faire dépositaire.

Le 21 décembre trois personnes d'Orléans compromises dans les mêmes conditions que lui : Mademoiselle Poulain, religieuse, avec sa servante, et un religieux jésuite le P. d'Hervillé qu'elles cachaient dans leur maison, sont à leur tour condamnés :

« Vous ne pouvez vous faire une idée, écrit-il, du courage qu'ont montré ces généreux athlètes, et devant les juges et en allant à l'échafaud. Une joie chrétienne et une sainte jubilation était peinte sur leur visage ; et le peuple, en criant : vive la république, à laissé échapper ces mots : *Ils sont morts en saints.*

« Bénissons le Seigneur qui récompense ses serviteurs d'une manière bien opposée à celle du monde.

« Les pauvres d'Orléans ont perdu leur mère. Elle est maintenant où elle soupirait d'être depuis longtemps, Je m'en suis réjoui véritablement dans le fond de mon cœur ».

Puis, passant à un autre ordre d'idées et jaloux d'associer son frère au triomphe de ces héros, il ajoute : « J'ai la montre du P. d'Hervillé, je la garde comme une relique. Si je fais mon grand voyage bientôt je vous institue mon légataire universel ; et comme ici on sait d'avance le jour où l'on doit monter au tribunal, je ferai un paquet..... dans lequel je mettrai cette montre. Vous la ferez estimer afin d'en donner le montant aux pauvres à son intention et vous la garderez pour l'amour de lui et de moi » (Lettre du 29 décembre 1793).

Noël avec ses longues veilles, Noël dans la nuit de ce ténébreux cachot d'agonie, agit visiblement sur cette âme. C'est dans ces jours qu'il écrivit les deux longues lettres dont sont extraites les citations qui précèdent : l'une à sa mère pour la préparer à la fatale nouvelle qui ne doit plus désormais se faire attendre, l'autre à son frère pour le rappeler au rendez-vous convenu, dans le cœur à cœur de l'*Hostie*, ici désignée en un langage énigmatique qui rappelle l'arcane des premiers âges chrétiens. Écoutons-le parler d'abord à sa mère :

« Veuillez de grâce ne vous inquiéter nullement sur ma position, mais plutôt remercier Dieu des grâces dont il me comble journellement. Je suis où la Providence m'a conduit ; et moralement parlant, je ne puis être mieux. Si ce Dieu de bonté veut m'appeler à lui à la fleur de l'âge par une mort aussi douce qu'honorable, quelles actions de grâce ne dois-je pas lui rendre, de ce qu'il daigne penser à moi préférablement à tant d'autres qui le servent infiniment mieux, et me retirer ainsi de ce monde pervers et corrompu... Hélas ! ma chère mère, si nous avions la Foi, que nous désirerions les persécutions, les opprobres, les humiliations et tout ce que les hommes méchants nous font éprouver.

« L'adorable Jésus ne fit pas la conquête de son royaume par la route du Thabor... il préféra la route sanglante du Calvaire : et là il cimenta de son sang précieux la religion sainte qu'il avait prêchée à des ingrats... » ; et après un long développement de cette pensée du Sacrifice, il ajoutait : « J'espère que vous trouverez dans votre religion un remède efficace à vos peines. Ne pensez plus à moi que comme je pense à vous ; c'est-à-dire dans vos prières seulement, et toujours selon le bon plaisir et la sainte volonté du Seigneur.

« Quant aux biens et à la fortune où je pouvais prétendre, je les méprise souverainement et je leur dis de grand cœur un éternel adieu. Je suis trop ambitieux pour m'attacher à si peu de chose : je préfère le solide, et suis persuadé qu'au fond de votre cœur vous dites que j'ai raison... Il ne me manque rien ici ; soyez tranquille à ce sujet. Ne dites plus, ce que je suis convaincu être sorti de votre bouche, hélas ! trop de fois : *Pauvre malheureux !* et mille autres paroles semblables ; car Jésus-Christ nous a dit dans son Evangile : *Bienheureux* ceux qui souffrent persécution..... Je ne suis donc pas malheureux, infortuné, ni misérable.., Vous voyez qu'il est de Foi que je suis bienheureux ; j'espère que vous n'irez pas contre cette sublime vérité qui fait le charme de ma vie... » (Lettre du 29 décembre 1793).

Ces mêmes sentiments héroïques se retrouvent dans la lettre du même jour adressée à son frère, évidemment l'abbé Bimbenet, puisqu'elle contient une allusion manifeste à la célébration quotidienne de la sainte messe, sur les sept heures : « Il y a, dit-il, trois mois et demi que nous attendons notre acte d'accusation pour monter au tribunal, et il ne vient point ! Dieu soit béni : je ne le hâterai pas d'un instant, mais je n'y mettrai non plus aucun obstacle.

« Je laisse tout entre les mains de la Providence, je le répète, elle sait mieux que nous tout ce qui nous est nécessaire : et, grâce au Seigneur, je ne me suis pas encore ennuyé cinq minutes dans le séjour où je suis. Je ressens de plus en plus l'effet de vos bonnes prières, auxquelles *je m'unis tous les matins*, comme nous en sommes convenus ; ainsi ne changez pas *l'heure de sept* : c'est le moment où je me lève, et nous nous réunissons alors d'une manière particulière pendant vingt à trente minutes. Nous avons, comme je l'ai marqué, LE RÉSULTAT DE L'INSTRUMENT PRÉCIEUX (lisez : la sainte Eucharistie. Voir *Vie de M. Emery* t. 356) ; ainsi nous n'avons rien à désirer si ce n'est de souffrir davantage pour l'amour de Celui qui a tant souffert pour nous...

« Nos petits exercices de piété nous occupent une partie de la journée de manière que le temps me paraît bien moins long. J'ai augmenté ma petite bibliothèque d'un *Combat spirituel* et d'une *Intro-duction à la vie dévote*. Mon petit office de la Vierge que je récite exactement avec celui de l'Ange gardien, mon chape-let, ma lecture spirituelle et la méditation remplissent à peu près notre journée.

« Allons, du courage, priez pour moi... surtout n'ayez aucune inquiétude à mon sujet ; réjouissez-vous au contraire de ce que j'aie quelque chose à souffrir pour le Dieu que j'adore. Je finis ma lettre dans le même style que saint Paul ; c'est le seul digne de charmer l'oreille d'un chré-tien : Que la grâce de Notre-Seigneur Jé-sus-Chrit et la charité de Dieu et la com-munion du Saint-Esprit soit avec vous tous ; que la paix soit avec vous mon très cher frère ».

Ainsi à côté des hommes frivoles, que les Mémoires contemporains nous ont trop souvent montrés essayant de s'étourdir et attendant, au sein des distractions et des déclamations vides l'heure du supplice,

nous apprenons par ces lettres que les ca-
chots de la Conciergerie récelaient alors
des victimes héroïques uniquement occu-
pées à l'œuvre de leur sanctification, et
trouvant jusque dans ces abîmes de la
douleur un *Consolateur* que le guichetier
n'avait pu écarter. Les œuvres d'apostolat
ne laissaient pas que d'intéresser pareillement notre néophyte ; ainsi qu'il est rapporté dans la vie de M. Emery publiée en
1861. Le jeune héros y est cité en effet,
comme un des plus zélés parmi les laïques
dont la collaboration amena au curé de
Saint-Sulpice, interné lui aussi, plus d'un
pécheur dont sa bonté acheva la conver-
sion. On y trouve même sur ce sujet une
brève note de Bimbenet faisant allusion à
son attrait pour ce ministère : « Le vénérable père (M. Emery) et le très cher frère
(M. Ploquin), écrivait-il, ne travaillent pas
mal ici ; moi je suis le *chien courant*, et
j'ai le bonheur de faire sortir de temps en
temps le lièvre du gîte. Je suis bien payé

de mes peines, vous pouvez l'imaginer, quand j'ai la consolation de pouvoir aider quelques âmes à se débarbouiller » (I. 359).

A quelques jours de là, une nouvelle lettre apprenait à l'abbé Bimbenet une autre mort celle de l'abbé Vauclempute prêtre de Paris qui venait d'être condamné ; et les désirs du sacrifice s'y accentuent encore davantage :

« Le 1ᵉʳ de ce mois, y lit-on, un de nos intimes a été jugé à mort pour ses étrennes. Il était âgé de 32 à 33 ans. Dès qu'il fut descendu du tribunal pour attendre l'heure du supplice, il demanda son bréviaire au guichet où il passa la nuit. Il nous le fit remettre le lendemain par le concierge, et il nous écrivit deux mots où il nous marquait entre autres choses qu'il avait passé la nuit fort tranquillement et qu'il était comblé de consolations. Je n'ai pas de peine à le croire : lorsqu'on a vécu comme lui, le moment de la mort paraît fort doux. Il est maintenant où nous espérons aller sous peu. Il nous a promis dans son écrit qu'il ne nous oublierait pas. J'ai quelques reliques de lui que je garde bien précieusement et que je vous ferai passer lorsque j'aurai le bonheur de le suivre. » (Lettre du 3 janv. 1794).

Toujours, on le voit à ce dernier trait, c'est chez lui le même souci d'enrichir les cachettes où se retire son frère de ces souvenirs éloquents des confesseurs, afin sans doute de soutenir son courage, car le prêtre lui aussi dans ce même temps souffrait persécution.

Après un séjour de quatre mois à la Conciergerie, Barthélemy et ses compagnons de captivité furent pour quelque temps transférés dans la prison des *Carmes*. L'abbé Emery qui avait partagé ses chaînes et suivi du regard les étapes de ce calvaire, écrira l'année d'après au même correspondant son admiration pour les vertus du captif : tout embaumé en-

core de leur parfum, et l'assurant « que
dans cette autre prison, comme à la Conciergerie il parut un ange aux yeux des
compagnons de sa captivité ; et qu'au
cun prisonnier ne fit plus de sensation
et ne montra plus de foi » (Lettre du 25
janv. 1795, dans A. Guillon).

Enfin l'heure suprême allait sonner ; la
veille du jugement, 24 février 1794, Bimbenet, l'abbé Ploquin et les demoiselles
Barberon furent ramenés pour un jour à la
Conciergerie. Averti à temps, le jeune
homme profita de ce dernier délai
pour régler définitivement ses affaires, et
rédiger quelques notes testamentaires.

Détournant donc sa pensée du sort qui
lui est personnellement réservé, il la reporte toute entière vers cette pauvre mère
qu'il va laisser à Blois inconsolable, et
charge son frère de se faire près d'elle
l'interprète de ses dernières recommandations :

« Nous monterons demain à 9 heures

au tribunal pour être jugés... J'espère que
ma mort vous causera plus de joie que de
tristesse. Faites tous vos efforts pour la
faire envisager sous ce point de vue à notre respectable mère. Les lettres qu'elle
m'a écrites m'ont bien consolé, surtout en
m'apprenant qu'on remplira scrupuleuse-
ment mes dernières volontés... Adieu,
mon cher frère et ami ; nous nous verrons
dans l'Eternité, et cela ne sera pas long.
Le Seigneur vous réserve à de plus grands
maux que nous ; que sa sainte volonté soit
faite !

« Assurez toutes mes connaissances de
mon inviolable attachement, priez-les de
penser quelquefois à moi comme je pen-
serai à elles..... Que Dieu vous comble
tous de ses bénédictions ; ce sont les vœux
que je forme sur le point de paraître devant son Auguste Majesté. Adieu pour
l'Eternité ».

Quand cette lettre émouvante arriva à
Blois, Barthélemy n'était déjà plus. La

mort l'avait affranchi et ses liens étaient brisés.

Le lendemain en effet 25 février on le fit monter au tribunal ; et il fut condamné à mort comme les trois autres. « Lorsqu'il en descendit, reprend le supérieur de Saint-Sulpice dans la lettre déjà citée, il exhortait lui-même à la mort les demoiselles qui lui avaient donné asile. Un jeune prêtre qui accompagna jusqu'à l'échafaud la charrette où il était avec l'abbé Ploquin m'a dit que sur toute la route on fut frappé de la sérénité et de la gaité qui paraissaient sur son visage. Sa joie éclata à la vue de la guillotine ; et en montant sur l'échafaud il chanta le psaume : *Laudate Dominum omnes gentes*. Pour tout dire en un mot, vous êtes assuré d'avoir un frère parmi les *Bienheureux* » (Lettre au frère de Barthélemy).

Telle fut la scène des derniers instants : et l'on assure que les demoiselles Barberon, triomphant de leur propre émotion, associèrent leur voix « au cantique de louange que le jeune Bimbenet entonna lorsqu'il montait à l'échafaud » (A. Guillon).

Quatre jours après, 11 ventôse, an II, partait de la capitale un pli adressé au Directoire du département ; c'était la lettre de l'Accusateur Public, informant officiellement l'Administration que, « par jugement du 7 courant, BARTHÉLEMY BIMBENET *Laroche* âgé de 23 ans, né à Courmemin, réfugié à Orléans, a été condamné à la peine de mort ». Dans la copie qui en fut expédiée par le Département, le 14 du même mois la qualification : « cidevant soldat » est ajoutée au nom du supplicié.

Moins favorisé que Barthélemy, l'abbé Bimbenet n'eut pas même les honneurs de l'incarcération et échappa aux recherches policières. Pour lui aussi cependant les jours étaient comptés, et après avoir échappé maintefois aux poursuites, il allait à bref délai rejoindre son frère dans

la tombe (30 mai 1797-11 prairial an V).
Un autre de leurs frères mourut vers ce
temps ; les deux survivants s'étaient ma-
riés à Blois dans les oratoires catholiques :
René-François, à Saint-Nicolas (1795) et
Félix-César, à Saint-Honoré (16 mai 1797).

Ainsi tous les membres de la famille
restèrent fidèles au devoir, guidés et soutenus par l'invisible mais vivante assistance d'un martyr.

VII

L'ÉGLISE SAINT-LOMER EST RENDUE AU CLERGÉ CONSTITUTIONNEL EN L'AN III.

A la chute de Robespierre, un mouve-
de réaction se produit dans tout le pays ;
la Convention même soulagée du poids
qui l'oppressait se relâche de ses mesures
de violence, un courant libéral créé par
Grégoire dans la séance restée célèbre du
1er nivôse an III aboutit à cette loi du 11
prairial (30 mai 95) qui rendait les églises à
leur destination première, moyennant une
déclaration des occupants.

Aussitôt, les citoyens de Saint-Nicolas,
dépossédés depuis un an et demi, adres-
sent comme ceux des deux autres paroisses, une demande en règle à l'Adminis-

tration du district, le 17 prairial ; et bientôt un arrêté du département les remet en possession de leur temple, encore entier il est vrai, mais dans un état de nudité à faire pitié.

Ornements, linges, mobilier, en un mot tout ce qui pouvait trouver acquéreur en avait été enlevé et vendu à vil prix par les Terroristes. Le 17 nivôse an II (6 janvier 94) un arrêté du Directoire du district avait fait ouvrir Saint-Lomer « fermé depuis plus d'un mois » avec ordre d'en vendre le mobilier, en particulier « les stalles, bancs, figures de bois et de pierre » : toutefois une double exception était faite, pour l'orgue d'abord « qui restera jusqu'à ce qu'il en soit autrement ordonné », et pour « la figure en pierre représentant la Madeleine ». Cette dernière pièce fut en effet sauvée : quant aux orgues, après quelques mois, elles étaient adjugées : « le buffet, tous les bois et soufflets », mais sans les tuyaux,

pour 280 francs, le jour-même où se ven-
daient, à deux pas de là, en l'église des
Jacobins, les autels, les pilastres, les car-
reaux et les « pierres de taille, y compris
deux figures » (16 germinal an II).

Le vieux curé, Claude Mestivier, malgré sa défection lors de l'affaire des lettres
de prêtrise, se mit alors en règle avec la
loi et reparut à la tête de ses paroissiens.
Ses bonnes relations dans le monde officiel de l'époque nous sont attestées par
les notes sympathiques suivantes que l'é-
dilité venait de lui accorder : « patriote
prononcé dès l'origine de la révolution :
fréquente les patriotes et vit sagement »
(7 vend. an III. Proc.-verb. d'assemblée).
Nous avons encore le tableau ou « État
des déclarations des ministres du culte
suivant le décret du 11 prairial an III, en
se conformant à l'article V », sur lequel
figure son nom : et il est encore porté sur
un second « État des déclarations en conformité de la loi du 7 vendémiaire an
IV (29 sept. 95) ».

Comme précédemment, il restera l'un des appuis du parti avancé : et à l'époque où un grand nombre de ses collègues ouvraient enfin les yeux, et revenaient à l'autorité légitime (1795) par une solennelle rétractation consignée en nos archives diocésaines, il s'afficha plus que jamais parmi les irréconciliables. En faut-il d'autre preuve que cette réunion mouvementée du 25 thermidor an III (12 août 95), dont les registres constitutionnels nous ont gardé le procès-verbal significatif. Ce jour-là le groupe des assermentés de Blois et des environs était convoqué pour émettre son avis sur la nouvelle orientation « que proposaient plusieurs citoyens tant de cette ville que de la campagne » à savoir une rétractation de serment qui réunit désormais les deux clergés « dans une conciliation générale ».

Mestivier s'y trouvait, avec quatre des anciens vicaires épiscopaux, seuls restes de cette administration, le curé de Vienne et quelques prêtres du voisinage. La décision fut vite prise, et chacun fut d'avis de refuser toute alliance avec un parti insoumis aux lois, lequel d'ailleurs les méprisait ouvertement, continuant à les traiter « de schismatiques », et ne cherchait par cette démarche qu'à les affaiblir en jetant dans leurs rangs ce nouveau germe de division. Et pour que l'entrevue eut un résultat positif, on convint que les membres présents se réuniraient « entre-eux, chaque semaine » désormais, « en des conférences » dont ils enverraient « des extraits au citoyens Grégoire et à quelques personnes éclairées ».

C'est dans ces dispositions d'esprit que les fidèles satellites de l'évêque intrus, inaugurèrent cette nouvelle phase de la révolution. La loi pouvait leur demander tout ce qu'elle voudrait : serment de soumission aux lois, reconnaissance de la souveraineté du peuple, serment de haine à la royauté, etc., leur servilité était sans bornes depuis cette première démarche du serment civique en 1791 ; et Belin, curé de Cellettes, un des assistants, en donnait la mesure le jour où s'inclinant devant un ordre sacrilège du Comité central il lui déclarait « n'avoir nulle envie de se faire regarder comme suspect et mauvais citoyen » (18 juillet 1793). Il s'agissait de lire au Prône le 14 juillet sur injonction du Comité de Blois, un factum émanant « du Comité de salut public de Paris », et le curé envoyait sa lettre pour certifier que l'ordre avait été exécuté.

Le culte public reprit donc en l'an III à Saint-Lomer comme auparavant, mais avec quelques réserves pourtant auxquelles le peuple ne parvint jamais à s'accoutumer. Infatuée de sa formule de « liberté des cultes » dont elle ne se départit jamais, tout en l'interprétant dans les sens les plus contradictoires, la Révolution qui rouvrait les églises, entendait agréer par là aux âmes religieuses, mais sans offus-

quer pourtant aucune opinion, même celle
de l'athée. Pour cela il n'y avait qu'un
moyen : *Interdire toute manifestation
extérieure* du culte, et c'est cette formule
que le Pouvoir s'acharnera pendant des
années à faire passer dans les lois, les règlements de police, la correspondance jour-
nalière, etc.; mais qui échoua, en partie
du moins, devant la barrière de la volonté
populaire et des mœurs.

Ainsi de par la loi, plus de pompes, plus
de processions, plus d'assistance du clergé
aux obsèques, plus de croix sur le cercueil :
tout cela est signe extérieur du culte : quant
aux assemblées et cérémonies religieuses :
baptêmes, mariages, décès, plus de cloches ébranlant les airs par leurs appels,
leurs volées joyeuses ou leurs funèbres
tintements. Nulle part sur les chemins, sur
les monuments, au portique des maisons,
une image qui puisse rappeler au passant
le divin Crucifié, la Vierge, les saints. —
En un mot pas de signes, pas de manifestation.

Sur la plupart des points le peuple subit
tant bien que mal l'oppression de la loi ;
quant aux sonneries des cloches, ce fut
autre chose. Les habitants de Blois en particulier n'entendaient pas ainsi la liberté
reconquise, et malgré les injonctions léga-
les de l'autorité (18 prairial an III-6 juin 95),
dès la résurrection du culte, les cloches se
mirent en branle d'elles-mêmes. à Saint-
Saturnin comme à Saint-Nicolas.

De là, grand émoi dans les administrations qu'un pouvoir ombrageux surveillait
de près et qui devaient à chaque instant
rendre des comptes détaillés au Gouverne-
mènt. Aussi la municipalité, désespérant
de venir à bout du public par les moyens
de persuasion, décida de couper court à
toute sonnerie en faisant poser sur la
porte des deux clochers un cadenas (24
fructidor an III-10 septembre 95).

Son triomphe pourtant ne fut que de
courte durée, et quelques mois après, les
portes des clochers s'étaient rouvertes, et

les cloches sonnaient à nouveau : mais la tolérance était singulièrement limitée, et désormais les neufs coups traditionnels de *l'angelus* étaient seuls à se faire entendre trois fois chaque jour ; c'est ce que nous apprend une lettre officielle écrite au commissaire du canton de Mer par celui du département à la date du 8 pluviôse an IV (28 janvier 96) : « On ne sonne plus les offices à Blois, raconte-t-il, mais on y tolère comme dans les campagnes le son de la cloche sans mettre à la volée, pour annoncer par neuf coups le lever du jour pour aller à l'ouvrage, le midi ou temps de repos, le coucher ou temps de retour dans les foyers ».

L'usage en question triompha, à peu près dans tout le département, de la résistance que de trop zélés fonctionnaires cherchèrent parfois à y opposer : mais ceux-ci, poussés à bout ne cédaient qu'après avoir fait promettre que ces sonneries n'auraient aucun caractère religieux ; et quelques-uns

d'entre eux plus réalistes encore prétendaient n'y voir que les trois appels civils
connus sous le nom « d'attelée, midi et
dételée ». Ainsi, seul vestige de l'antique
liberté des âmes, l'angelus survécut à
toutes les crises, et envoya chaque jour sa
note d'espérance à tant de cœurs souffrants.

Les Blésois essayèrent bien, vers ce
même temps, de passer outre aux limitations qu'on leur imposait, et de sonner
librement leurs offices, utilisant les cloches pour les convocations, comme on
avait toujours fait : mais l'administration
municipale manda à sa barre après avoir
patienté « deux jours » les ministres du
culte schismatique qui avaient ainsi sonné
« pour appeler les citoyens », et leur interdit de continuer plus longtemps (Lettre
du 16 pluviôse an IV). Il fallut en revenir
au tintement unique de l'angelus. En vain
quelques mauvaises têtes s'insurgeaient :
en vain le ministre de la Police générale
essaya-t-il d'intervenir : ce fut (chose à

peine croyable) le commissaire départemental (fonction équivalant à peu près à
celle d'un préfet) qui s'en fit le champion
dans un plaidoyer énergique envoyé au
ministre. Il ignore, écrit-il, la pratique des
sonneries qui ont été dénoncées au gouvernement, mais il ne « dissimule pas
que la sonnerie connue sous la qualification *d'Angelus* a toujours eu lieu : elle
consiste en 9 coups... 3 fois le jour...»
est usitée « presque partout ; et la supprimer serait heurter inutilement », d'autant
qu'elle n'est interdite par aucune loi, et
« ne tient à la célébration d'aucun culte »
(7 prairial an V-26 mai 1797).

Assurer le triomphe des cloches ne suffisait pas ; Mestivier en rentrant dans son
église dévastée, dut s'occuper aussi de la
pourvoir de tout, puisque rien n'y avait
été laissé : les comptes de fabrique de l'an
III qui existent en partie nous font assister
à cette reconstitution graduelle.

Quelques objets dont on essaye de faire

argent aident. avec les quêtes, aux acquisitions. On vend ainsi à l'église de Chitenay pour 6 l. 12 s. « une statue de vierge ». La même année on paiera pour 280 francs de livres d'église rachetés « à la vente faite à l'évêché », et la paroisse fera l'acquisition d'une « chaire à prêcher avec sa rampe » au prix de 400 francs. Divers ouvrages d'art sont même commandés à la « fille Raynaud » dont nous avons la quittance, datée du 30 messidor an III (18 juillet 95) et montant à 50 francs : « pour avoir raccommodé le devant d'autel en perles, plus avoir fait le tour du chapeau de la chaire et deux nappes d'autel ».

C'est encore en cette année que « sur une pétition des citoyens de la section du Foix » vinrent échouer à Saint-Nicolas quelques épaves provenant « de l'église des Sainte-Marie » (Délib. mun. 8 frim. an IV); c'était « des chandeliers » et « plusieurs vieux tableaux » échappés aux enchères. Ceux-ci y sont encore, et se peuvent facilement reconnaître. Divers travaux sont aussi exécutés en l'an IV dans la basilique ; le menuisier Pesnon « remonte 18 stalles » ; Dominique « peint Saint-Marcou » : et c'est lui aussi qui fournira « 9 verres pour les châsses » à l'arrivée du successeur de Mestivier.

Ce dernier mourut subitement le 12 thermidor an IV-9 août 96, âgé de 67 ans. Il avait à Blois deux frères Gaspard René et Dominique qui vinrent faire à l'état civil la déclaration de son décès. La paroisse de son côté lui fit un service solennel dont il est fait mention au cahier des comptes, et envoya « des billets de convocation » aux obsèques. C'est tout ce que nous savons de la fin du premier curé constitutionnel de Saint-Nicolas : rien ne laisse supposer qu'il ait abjuré le schisme et rétracté ses serments.

Quelques jours après, Grégoire appelait à lui succéder une de ses créatures, un tout jeune prêtre né en 1766 qu'il avait ordonné de sa main et nommé d'abord à la cure de Maves. Il s'appelait Ange Chenu, et fut promu à la cure de Saint-Nicolas par lettre épiscopale du 16 septembre 1796-30 fruct. an IV.

Sans être un héros, un souvenir attachant intéressait à sa personne. On savait qu'aux jours de la Terreur, ère devenue odieuse à tous à l'époque dont nous parlons, il avait connu l'épreuve et subi une incarcération de trois mois. « Le 18 ventôse an II-8 mars 94 », en effet, alors que Garnier de Saintes, représentant en mission, procédait aux épurations du district de Mer, le jeune curé de Maves, lui fut signalé « comme fanatique », peut-être parce qu'il avait exercé depuis la fermeture des églises : et le proconsul d'un geste souverain avait sur-le-champ décidé qu'il serait « interné trois mois, avec défense de jamais rentrer dans sa cure ».

Cette incarcération l'honore : mais ce qui est moins à son avantage c'est son at-

titude au moment de sortir du lieu de réclusion. Il allait être libéré quand l'agent
national Blanchon fit observer au Comité de
surveillance de Mer « qu'il n'avait pas re-
mis ses lettres de charlatan », ce qui le rendait suspect et passible d'une nouvelle mesure d'internement : sur quoi Chenu, qui en
effet avait essayé de se soustraire à cette
mesure vexatoire, se ravise et pour éviter
la prison déclare « qu'il n'avait rien tant à
cœur que de ne jamais s'écarter des principes d'un républicain, pour quoi il offrait
volontairement de déposer sur le bureau
ses lettres dites de prêtrise » (19 prairial
an II); et il le fit en réalité puisqu'on les
retrouve encore au dossier de l'affaire ;
ainsi il obtint sa libération. Mais à quel
prix !

C'était pour toujours sa dignité et son
honneur compromis, car il ne faudrait pas
croire que les prêtres, même assermentés,
aient mis sur le même pied la prestation
du serment que beaucoup regardaient

comme une affaire politique n'intéressant
pas directement la conscience, et la remise
des lettres d'Ordination. En ce dernier
cas, tout portait à leurs yeux le caractère
d'une abdication, et suivant l'expression
du temps, ils croyaient par là « se déprê-
triser ». Aussi un certain nombre reculè-
rent-ils devant la mesure, quelle que pût
en être pour eux la conséquence. et les
tableaux dressés par l'autorité ecclésiastique à l'époque du Concordat ne relatent
qu'un nombre restreint de ces « tradi-
teurs ».

Toutefois il faut le noter ici, uu même
nom désigne pour la postérité des degrés
dans la déchéance, en soi fort différents :
car il y a loin de celui qui dépose ses lettres en silence à celui qui se vante de revenir par là aux lois de la raison. à celui
qui proteste « n'avoir fait autre chose que
tromper Dieu et les hommes », à celui qui
de sa main les lacère ou les jette au bu-
cher (et tout cela s'est vu). enfin à celui
qui abdique et se marie.

Chenu, on le sait par sa correspondance
avec Grégoire, n'était pas au nombre de
ces hommes pervers ; il fut lâche plus que
sacrilège, et son acte doit être considéré
plutôt comme une faiblesse ; sa mémoire
n'en reste pas moins entachée ; et le pardon de Grégoire ne lui enlèvera jamais la
flétrissure du « traditeur ».

A peine était-il nommé à Saint-Nicolas
que l'évêque, venu par exception passer
deux mois en Loir-et-Cher, l'appela à l'ac-
compagner dans sa visite pastorale. C'est
dans le canton d'Onzain que nous avons
surpris leur présence côte à côte, alors
que l'un et l'autre, ils remplissent les formalités voulues afin de pouvoir exercer
légalement le culte dans la région. La
pièce, véritable instantané, nous montre à
combien peu de chose était alors réduite
la majesté épiscopale ; il ne faut pas oublier d'ailleurs qu'à partir de la Constitution de l'an III l'Etat cessa de voir en
l'évêque, pourtant sa créature, autre

chose qu'une personne privée, et nous avons même une lettre du Ministre de la Police en l'an VII qui qualifie Grégoire du titre « d'ex-évêque » tout en visant un de ses actes épiscopaux (10 nivôse).

Voici en quels termes les Actes officiels enregistrent le passage de l'évêque en cette Municipalité :

« Aujourd'hui est comparu à l'administration municipale du canton d'Onzain le citoyen Henry Grégoire domicilié de Paris lequel a fait la déclaration dont la teneur suit : Je reconnais que l'universalité des citoyens français est le souverain, et je promets soumission et obéissance aux lois de la république. — déclare en outre être dans la résolution d'exercer les fonctions du culte catholique dans l'église de cette commune et autres de ce canton ». Suit sur le registre la signature authentique de Grégoire ; et, aussitôt après, la déclaration absolument et mot pour mot identique de « Ange-Gabriel Chenu domicilié à Blois » (12 vendemiaire an V-3 oct. 96).

Dans son ouvrage apologétique sur Grégoire, Gazier nous renseigne sur les courses apostoliques d'alors, et prétend que l'évêque en ces deux mois confirma 5.000 personnes (p. 129). Mais que son langage dut paraître singulier à ceux qui l'avaient entendu dans l'exaltation de ses premiers succès : il était sorti de la Terreur dégouté de la Convention qu'il appelle en ses mémoires « un séjour d'horreur » (I. 427); et en dénonçait les crimes dans ses lettres pastorales, ce qui lui valut la persécution du Directoire. Pourquoi ne reconnut-il pas également ses propres erreurs, et son usurpation sacrilège !

Sur la fin de son séjour à Blois, Grégoire fit acte de présence dans la paroisse, et le 27 novembre 1796 (7 frim. an V), après avoir célébré pontificalement le matin en sa cathédrale il vint « officier à vêpres » à Saint-Nicolas. La cérémonie fut accompagnée de la reconnaissance et approbation « des reliques de sainte Candide. martyre » dont le reliquaire fut scellé de son sceau (Voir doc. annexe n° 9) : après quoi, il fit encore « deux baptèmes » (Notes du sacristain Lory, reg. de la cathédrale).

Deux jours plus tard Grégoire partait pour Paris, reprendre sa place au Conseil des Cinq Cents dont il fit partie jusqu'en prairial an VI (juin 1798). En ces temps-là il avait appelé Chenu à la fonction de « membre de son conseil » (que d'ailleurs il ne faut pas confondre avec la qualité de vicaire épiscopal). C'est à ce titre que le 25 floréal an V (14 mai 1797) nous le voyons procéder au nom de l'évêque à la reconnaissance des reliques de saint Léonard qui avaient été sauvées de la profanation pendant la Terreur.

A Saint-Nicolas notre jeune curé se mit à l'œuvre. assisté de ce vicaire Trinité plus âgé que lui de 24 ans. qui depuis 1791 avait été placé à la tête du vicariat par l'inconséquence de l'Administration schismatique, et que nous y retrouverons encore à l'époque de la démission de Grégoire ; c'était un associé bien peu intéressant, il le garda néanmoins à ses côtés comme avait fait Mestivier.

Un peu après l'arrivée du nouveau curé les citoyens de Saint-Nicolas avaient tenté en sa faveur une démarche motivée sans doute par la pénurie de leur caisse, tendant à obtenir de l'Administration que leur pasteur fut logé dans « l'appartement appelé la procure du ci-devant célerier des Bénédictins, dont la porte d'entrée donne sur la place de l'église ». Leur espérance fut déçue ; et la Municipalité leur fit savoir que la pétition ne pouvait être prise en considération, étant donnés les besoins du service du nouvel hôpital (Reg. mun. 10 prairial an V-29 mai 97).

Quand arriva l'année séculaire de l'érection de l'évêché de Blois, Grégoire qui avait un penchant marqué pour les manifestations théâtrales de nature à faire oublier le vice de son élection résolut de consacrer la mémoire de l'événement par des pompes liturgiques en l'honneur du siège occupé par lui.

Il y préluda par une Lettre pastorale fort étudiée, et pourtant, il faut le dire, un peu décousue, en laquelle il trouva le moyen de censurer quantité de gens : « les chouans et leurs poignards assassins..., les prêtres schismatisans (ainsi appelait-il les insermentés), qui déchirent la robe sans couture du Sauveur » et même les fidèles de son observance, auxquels il ne pardonne jamais leur parcimonie à l'égard des temples et de leurs prêtres : « vous abandonnez, à l'indigence la plus absolue, disait-il, les ministres de la religion dont vous avez réclamé le rétablissement, etc ». Puis revenant au centenaire, non sans avoir tenté une fois de plus la justification de sa mission personnelle, il conviait le diocèse entier à célébrer « cette fête unique ». que le peuple blésois « n'avait jamais vue et qu'il ne verrait plus ». (11 juin 1797-23 prairial an V).

Lé dimanche 18 juin Chenu lut donc au Prône, suivant l'ordre reçu la lettre sur « la Fête séculaire de la fondation de l'Evêché de Blois » et en annonça la célébration « pour le 2 juillet ». Il est probable que plus d'un parmi les auditeurs dut sentir la blessure quand on en vint au coup d'aiguillon qui piquait si durement les cœurs égoïstes ; et la popularité de Grégoire, que Dufort de Cheverny en ses *Mémoires*, nous montre très entamée dès cette époque, ne dut pas y gagner.

Nous retrouvons Ange-Gabriel Chenu quelques années plus tard parmi les Pères du synode que l'Intrus convoqua les 2,3 et 4 septembre de l'année 1800 pour donner à sa pauvre église décadente une apparence de vitalité. L'Assemblée parvint à grand peine à grouper une cinquantaine de membres, dont 45 seulement assistaient aux réunions ; et le curé de Saint-Nicolas, sans doute en raison de sa jeunesse fut choisi pour l'un des trois secrétaires.

La première démarche du synode fut de déléguer au préfet Corbigny plusieurs de ses membres, pour cimenter à nouveau, pensaient-ils, l'union de l'Eglise schismatique et de l'Etat, comme aux beaux jours de la Constitution civile de 1790 : et l'un d'eux porta la parole en ces termes :

« Citoyen préfet, votre début en ce département ferme le cœur aux souvenirs douloureux, et l'ouvre aux espérances les plus consolantes. Le citoyen Evêque diocésain de Blois, qui préside l'assemblée synodale, a cimenté par ses rapports la confiance que vos vertus civiques et morales inspirent. Il nous députe, du concert unanime de l'Assemblée, pour déposer dans le sein du premier magistrat du département de Loir-et-Cher, les principes qui

doivent être le sûr garant de la protection
dont il vous plaira l'honorer. Attachement
éprouvé à la République, soumission entière aux lois, dévouement le plus sincère
au gouvernement, tels sont ses sentiments.

« Amour de la Religion et de la Patrie,
sont les maximes qu'elle enseigne. Son
vœu le plus ardent est le désir d'une pa-
cification générale. La disposition la plus
habituelle de son cœur, est de faire le premier pas, ou pour se réunir plus prompte-
ment, ou pour s'unir plus étroitement
avec ses collègues dissidents. Si ces sentiments, dont elle ne déviera jamais, citoyen Préfet, peuvent contribuer à rendre
votre carrière administrative moins pénible dans cette partie si délicate, et qui de-
vrait en être la plus consolante, que son
zèle aura reçu une belle récompense ! »

« Le citoyen Préfet, lit-on au procès-verbal, des séances, accueillant la députation
de la manière la plus gracieuse, lui répond :
qu'il reçoit avec une satisfaction indicible

la profession des principes que le Synode vient d'énoncer par ses organes ; que regardant la Religion comme un des principaux liens de la société, il en fera toujours respecter les maximes par les moyens que la loi lui prescrit ; et qu'enfin il réunissait ses vœux à ceux du Synode pour la cessation des troubles religieux. La députation se retire aussitôt, pénétrée de reconnaissance et d'un espoir consolateur. Le Synode partage ses sentiments, et les exprime par de vives acclamations. »

Ce fut là, à vrai dire la pièce principale ; ainsi la façade de l'édifice était sauve, l'intérieur n'en fut pas consolidé :

On répartit les membres en six Congrégations, dont le public put suivre les travaux, œuvre éphémère d'hommes qui sentaient dès lors le terrain se dérober sous leurs pieds. Infatués de leurs théories d'Etat, ils trouvèrent là cependant l'occasion d'encenser une dernière fois l'Idole, et de justifier une des pires aberrations de leur ministère, en professant que « le *Mariage* et le *Sacrement* sont aujourd'hui séparés *en vertu des Lois* » et que conséquemment « les mariages contractés civilement doivent être regardés comme des mariages véritables ».

Pour ces théologiens, le Concile de Trente était ainsi non-avenu : et le curé Ange Chenu, comme secrétaire contresigna sans broncher, à la suite de l'évêque, ces énormités. Toute la doctrine de l'Eglise sur le mariage chrétien y est en effet méconnue, et si l'on veut pénétrer le fond-même de ces théories, il faut se reporter à la scandaleuse proposition formulée plus tard par Grégoire : « Si un prêtre donnait la bénédiction nuptiale avant que le contrat ait eu lieu par devant l'autorité civile, il n'y aurait pas de sacrement parce qu'il n'y aurait pas de contrat valable » (*Histoire du mariage des prêtres* p. 90).

Une fois les réunions terminées, Chenu qui entretenait avec l'intrus une corres-

pondance suivie ne manque pas de lui dé-
noncer les manœuvres des insermentés,
prétendant qu'ils « avaient pris tout à fait
au sérieux le synode de Blois », ce qui n'é-
tait peut-être pas très exact : et lui raconte,
que : « bientôt après, ils répandirent dans
le diocèse un catéchisme anticonstitution-
nel dans lequel on disait : que Jésus-Christ
n'est pas avec l'église constitutionnelle,
qu'il n'y est, dans l'Eucharistie, que contre
son gré et comme entre les mains des
Juifs qui l'insultaient » (Lettre du 29 novembre 1800).

La mentalité du curé à cette époque
nous est ainsi connue ; elle va se trahir
mieux encore dans les épitres postérieu-
res : on y sent un homme déçu, et qui
comptait, après les manifestations officielles qu'on vient de lire, sur un triomphe
du Clergé constitutionnel. Et cependant il
lui faut constater un mouvement en sens
contraire, même sous le préfet Corbigny :
« La sécurité, dit-il, est parfaite pour les

dissidents : ils semblent autorisés ; aussi le nombre de leurs adhérents grandit, et nous perdons quelques-uns des nôtres » (Lettre à Grégoire, du 23 décembre 1800). Aussi fut-il de ceux que la signature du Concordat trouva réfractaires et jeta dans une irritation mal déguisée.

Ecrivant à Grégoire qui par une lettre du 8 octobre 1801 venait de donner sa démission, il vante de plus belle les services de son groupe et s'indigne que le prétendu restaurateur de la religion semble les oublier jusqu'à la méconnaissance. « Où sont, s'écrie-t-il, les belles promesses du premier Consul ? Il ne faut donc que lever l'étendard de la révolte pour avoir des protections et des places » (25 octobre 1801). Il veut pourtant garder encore une ombre d'espoir, et ajoute, sans peut-être une bien grande conviction : « Je ne peux pas m'imaginer que Bonaparte sacrifie des hommes dont la contenance ferme et courageuse à cimenté les bases de son autorité. » (Ib.).

C'était méconnaître l'attitude de Napoléon qui au contraire les avait ménagés plus que de raison dans ses pourparlers avec le Saint-Siège.

Chenu vers ce temps dut quitter la cure de Saint-Nicolas, qui passa à l'abbé Villain ; et, revenu à résipiscence, devint successivement curé de Chitenay, doyen de Montoire et chanoine honoraire. Néanmoins, il était encore en place quand en 1802 Mgr Bernier, évêque d'Orléans, vint à Blois, qui alors dépendait de son siège, régulariser, avec une condescendance un peu excessive peut-être, la situation de l'ancien Clergé constitutionnel.

Après avoir réuni les prêtres insermentés, le prélat convoqua à part (17 juillet), tous les autres, les entretint brièvement, les écouta et se prétendit « satisfait de leurs déclarations », bien que certains aient prétendu depuis n'avoir rien abjuré de leur passé.

Ici se pose tout naturellement la question des rapports entre les deux clergés durant les dernières années de la Révolution, et l'on voudrait savoir quelle fut l'attitude des insermentés vis-à-vis de leurs émules ; car en ces temps, sauf par intervalles et transitoirement, les cachettes n'étaient plus un mystère, puisque les chapelles se créaient jusque sur le parvis des églises constitutionnelles.

Rien ne nous autorise à penser que Chenu ait trahi ses confrères insermentés. Une seule fois les actes administratifs invoquent son témoignage, en ce qui concerne le ministère de l'abbé Bergeron à l'Hôtel-Dieu ; mais c'est sans son aveu. Il est donc fort possible que son attitude ait été celle d'un modéré ; c'était d'ailleurs l'exemple que lui donnait à la cathédrale le 1er vicaire épiscopal Dupont, qui ne pouvait manquer de coudoyer chaque jour Villain, son confrère insermenté de la chapelle Saint-Solenne (rue Pierre-de-Blois).

Quant à Trinité, même en l'absence des

Les Richesses d'Art de Saint-Lomer.
Groupe de l'Assomption (xviiᵉ s.)

Les Richesses d'Art de Saint-Lomer
Parement d'autel en broderie de soie (XVII° s.)
Jésus au désert de la Tentation.

documents spéciaux, il est difficile de le voir sous le même jour. Le jugement des contemporains sur lui ne le permet guère, car ce n'est point sans raison grave et sans des motifs indiscutables que l'autorité diocésaine dans son tableau de 1802 le qualifie « persécuteur » ; il est donc à croire qu'il fut une gêne permanente pour le clergé fidèle, et un obstacle au bien dans la paroisse. En tout cas les plus légitimes soupçons planent sur sa mémoire, et comme il ne fit jamais partie des corps administratifs, tout en ayant été persécuteur, il reste à supposer que la basse et hypocrite délation, fut sa manière à lui de « persécuter » ses frères.

Ce vice qui semble une des caractéristiques de l'époque était comme un besoin pour les âmes maladives qu'avait empoisonné le virus révolutionnaire : Roger curé de Saint-Claude, ancien collègue de Trinité fut délateur et accusa un jour son voisin le curé d'Huisseau d' « avoir chômé la fête de Saint-Louis », excitant le Comité central contre ce prêtre, pourtant assermenté comme lui (15 sept. 93) : Mestivier, curé de la paroisse a laissé, lui aussi des traces de cet esprit, s'en prenant au régiment des Bataves dont il dénonce à ce même Comité l'esprit entaché d'incivisme : il n'est donc pas surprenant que Trinité ait versé en cette ornière.

Nous le surprenons d'ailleurs en flagrand délit, au cours de 1793, dénonçant au Comité Rogér-Maison, un des agents de l'évêque Thémines, comme « faisant le commerce pour le compte de Pitt et de Cobourg », mots redoutables qui en ce temps-là suffisaient à perdre un homme (L. 1980, 16 août).

VIII

LE CULTE CLANDESTIN DANS LA PAROISSE
APRÈS LA TERREUR ET SOUS LE DIRECTOIRE

Dans les derniers jours de l'an II la persécution s'était relachée, une Constitution moins oppressive allait être donnée à la France ; la loi du XI prairial an III, qui proclamait la liberté des cultes, fit même croire un instant que la persécution était définitivement close.

Tous ces prêtres que la terreur avait forcé de « s'enterrer vivants » pour échapper à la mort reparaissaient, d'autres revenaient de l'exil, des bagnes, ou sortaient des prisons. Pendant un court laps de temps, suivant la formule insérée dans nos registres administratifs, la loi « ne reconnut plus ni *assermentés* ni *insermentés* », et l'emploi de ces vocables surannés demeura interdit.

En ces mêmes jours le clergé fidèle voyait accourir à lui en grand nombre ses frères égarés dans le schisme qui rétractés et pénitents rentraient au bercail, prêts à réparer leur faute par le dévouement au service des âmes. (1795).

L'heure était venue de tenter une orientation nouvelle du mouvement religieux dans la voie qui paraissait s'ouvrir. Les Administrations départementales en effet venaient d'être rappelées à la modération et à la bienveillance la plus absolue par une circulaire mémorable du *Comité de législation* du 29 prairial (an III) : « Observez, y était-il dit à propos des DÉCLARATIONS DE CULTE prévues par la nouvelle loi, qu'il ne doit être question d'aucune recherche ni examen sur la conduite ou les opinions politiques du déclarant. La loi n'exige de lui à cet égard qu'une seule chose, c'est qu'il demande acte de sa soumission aux lois.....Il serait inutile de vous observer que la Constitution Civile du Clergé n'est plus une loi de la République, s'il ne s'était élevé à cet égard des prétentions qui ne peuvent plus être autorisées... » Signé : Lanjuinais, etc.

A l'abri de ces garanties, chacun, au cours de l'an III, parmi les insermentés commença autant que cela se pouvait par se faire délivrer un « certificat de résidence » attestant sa non-émigration ; et c'est avec un soupir de soulagement qu'on les retrouve enfin circulant dans la cité et franchissant même le seuil des administrations pour faire « enregistrer » ces pièces officielles.

On y rencontre à cette occasion, le « 21 messidor an III (9 juillet 95), Jean François Frédéric Bimbenet », et le lendemain « Claude Menard »; le curé en avait fait autant dix jours auparavant ; mais il est intéressant de noter que le lieu où ce dernier avait obtenu son attestation de séjour était la commune de Saint-Cyr du Gault :

laquelle d'ailleurs avait servi de refuge à
plusieurs de ses confrères aux jours difficiles.

Le clergé fidèle allait-il ainsi marcher
d'un pas égal avec les anciens constitutionnels, reprendre même le dessus, et recou-
vrer ses droits usurpés ? L'illusion, si jamais
elle a pu exister dans l'esprit de quelques-
uns, ne pouvait tenir longtemps devant la
brutalité du fait. Bien avant qu'on en re-
vînt aux mesures violentes en effet, et
malgré les avances libérales de la loi de
prairial, le clergé catholique se vit en la
plupart des diocèses dans l'impossibilité
d'obtenir les églises rendues au culte, et
même d'en revenir à la publicité du ministère.

S'il eut suffi de la simple déclaration
de culte, les insermentés se fussent portés
en avant sans hésiter, mais pour exercer
légalement, il fallut bientôt souscrire cette
malheureuse formule de soumission, du
7 vendémiaire an IV, où était reconnue

la souveraineté du peuple, et dans laquelle, avec la majorité de l'ancien épiscopat, Msr de Thémines et son vicaire général Gallois, voyaient une approbation anticipée de tous les crimes dont la loi pourrait se rendre coupable, la condamnation de la légitimité. etc.

Un avis différent prévalut, à la vérité, dans une partie du clergé qui à la suite de M. Emery acceptèrent une soumission qui n'entrainait aucune adhésion, même tacite, à la Constitution civile du Clergé. alors abolie; mais ils ne furent pas suivis en notre pays, et les prêtres fidèles énergiquement dirigés par leurs chefs dans le sens de l'abstention, durent choisir entre l'inaction, l'exil, ou le ministère clandestin, et par conséquent illégal.

Les anciens assermentés qui s'étaient secrètement rétractés n'étaient pas en meilleure posture que les non-conformistes. et durent pour la même raison renoncer à rentrer dans leurs églises : ce qui étonnait

grandement les populations, et les dénonçait aux yeux clairvoyants des administrateurs. « Le peu d'empressement qu'ap-
portent les ministres du culte catholique
à faire leur déclaration de soumission,
écrivait le procureur syndic de Romorantin,
confirme l'opinion : que plusieurs avaient
conféré avec le grand pénitencier » (21 prairial an III); et pour quelques-uns d'entre
eux, ce fut là le point de départ de persécutions et de violences qui les conduiront
à la prison et même à la déportation.

Ainsi les catholiques blésois après une
lueur d'espérance se voyaient cruellement
déçus; ils avaient cependant au cours de
l'an III formé un projet singulièrement
hardi et que l'autorité du gouvernement
avait même approuvé : celui de reprendre
à leur usage l'église abbatiale de Saint-Lomer.

Une affiche l'ayant par erreur mise en
vente alors qu'on livrait à l'encan les biens
des communautés supprimées, deux ca-

tholiques blésois Durie et Roger-Maison, l'un imprimeur, l'autre agent secret de Mgr de Thémines, en avaient obtenu « la location annuelle » et s'étaient fait confirmer dans leur droit par la « Commission des revenus nationaux » de Paris; mais après de longs démêlés, l'administration du district parvint à les éconduire, en faisant observer à la haute Commission que l'église bénédictine avait été précédemment et en temps voulu consacrée au culte paroissial et substituée à celle de Saint-Nicolas (1791), ce qui la mettait dans le cas de toutes les autres églises rendues par la loi aux municipalités pour le service du culte (5 messidor an III).

De leur côté M. Gallois et son vicaire Claude Menard avaient fait tout d'abord une déclaration de culte « en conformité de l'article V de la loi du 11 prairial an III » et sont comme tels portés sur les tableaux officiels du temps : mais ils durent reculer plus tard devant les exigences de la loi de

vendémiaire an IV. et se décidèrent pour
l'action clandestine avec tous les périls
qu'elle pourrait comporter.

Toutefois il faut reconnaître que durant
la période assez longue qui s'écoula entre
la loi de prairial an III et la reprise active
de la persécution (19 fructidor an V-5 septembre 97), la situation des prêtres fidèles
ne fut pas, dans notre pays du moins, aussi
fâcheuse qu'on pourrait le supposer à première vue lorsqu'on se réfère aux lois et
aux circulaires malveillantes du Directoire :
et cela est si vrai que les agents du pouvoir
dont nous pouvons lire aujourd'hui la correspondance secrète, ne commencent guère
à démasquer leurs batteries avant cette
dernière date.

Le mouvement catholique ne fut donc
pas à cette époque aussi entravé qu'en
1793 et 94, et le ministère. tout en restant
laborieux, cessa de se couvrir du même
secret ; on y peut même reconnaître les signes d'un renouveau et d'une impulsion
très caractérisés.

Il en existe un premier indice dans la tenue des registres paroissiaux catholiques. Ils sont moins mystérieux dans leur style ; et la rédaction des actes, moins discrète, mentionne désormais le nom des témoins, des parrains et marraines. du ministre, des assistants, et porte des signatures.

Des personnages jusque là connus seulement sous un pseudonyme, comme les vicaires généraux, y reprennent leur nom : c'est ainsi qu'au mois d'août 1795 le chanoine de Saint-Martin de Tours Cabarat, administrateur diocésain en Blésois vient bénir le mariage de François René Bimbenet, frère du vicaire, et signe au registre, en compagnie de l'abbé Gallois. Des gens, mariés à l'époque de la Terreur sans prêtre : d'autres unis sous la présidence d'un intrus. viennent se présenter pour faire valider. s'il est besoin. leur union: le registre paroissial secret porte à la date du 26 juillet 1795. par exemple, la note suivante relative aux époux Dacier-Larpenteux : « et après leur affirmation de n'avoir pu se marier devant un prêtre catholique, étant tous cachés ou déportés à cause de la persécution à l'époque du 6 avril 1794, avons déclaré leur mariage valide, et avons suppléé les prières et cérémonies de l'église... »

Parmi les familles que l'on voit fréquenter nos chapelles catholiques vers ce temps, on en rencontre une qui avait eu le triste honneur de fournir durant les jours de la Terreur une « déesse Raison » aux autels profanés de la cathédrale ; je veux parler des Boësnier de Clairveaux. Le 5 décembre 1796 la victime de ces aberrations, réconciliée et pénitente, présentait au baptême une fille Anne-Marie née de « Pierre-Alexandre Guérin d'Ogonière et de Anne-Marie-Céleste Boesnier de Clairveaux de cette paroisse », et le grand-père, celui qui, plus que la malheureuse enfant. était responsable d'une si horrible impiété, vint apposer à l'acte sa propre signature. Il était de ces utopistes que la brutalité du régime avait enfin désabusés de leur rêve philosophique : et, sans doute aussi, gardait-il rancune à la Révolution d'avoir attenté à l'honneur de son foyer.

Quant à cette demi-sécurité dont je parlais, en voici une preuve plus significative encore ; en juin 1795, une chapelle dédiée à Saint-Solenne s'ouvrait, presque sur la place de la cathédrale : et l'ancien professeur du collège Jacques Villain, depuis longtemps connu et dénoncé pour son zèle, en fit la bénédiction devant une foule émue et heureuse.

Disons en passant que ce prêtre l'un des plus actifs du diocèse devait être après le Concordat le successeur de M. Gallois à Saint-Nicolas. Jusque là, il fut chargé de régir la paroisse de Saint-Solenne ; et tout au long de la Révolution il se dévoua sans compter à ce centre dont il s'intitule à chaque occasion « desservant en chef ».

Jacques Villain s'était, lui aussi, présenté à l'administration locale avec son certificat de résidence afin d'en obtenir l'enregistrement légal, le même jour que l'abbé Bimbenet (21 messidor an III) : mais il est bon de remarquer qu'il n'avait pas attendu jusque là pour ériger sa chapelle de la rue pierre de Blois, et qu'il y exerça bravement sans avoir souscrit aucun acte de « soumission ». Voici le procès-verbal qu'il en a dressé :

« L'an 1795, le dimanche 28 juin, par mandement de MM. les vicaires généraux de Mgr de Thémines, évêque de Blois, la salle des demoiselles Mahy-Dubreuil, destinée par elles de leur plein gré et consentement au culte catholique, apostolique et romain, a été solennellement bénite pour cet effet avec les cérémonies accoutumées par le sieur Jacques Villain, prêtre-chapelain de la cathédrale, nommé par les dits sieurs vicaires généraux desservant en chef de la paroisse de Saint-Solenne de Blois :

laquelle chapelle a été bénite sous l'invocation de Saint-Solenne, patron de la dite paroisse, à l'effet de servir d'église paroissiale pour les fidèles catholiques pendant le temps du schisme.

« La cérémonie s'est faite en présence d'un grand nombre de paroissiens de l'un et l'autre sexe recommandables par leur générosité et leur fermeté à soutenir la pureté de la foi de l'Église catholique apostolique et romaine ». Signé : VILLAIN.

Avant cette date, c'est chez Porcher-Salomé que se faisaient les réunions (Reg. secrets de la cathédrale). En payant d'audace le même fait va se reproduire un peu partout. A défaut d'autre local les catholiques suivront jusque dans un grenier ou une grange leurs prêtres, qui de là ont tiré ce nom de « grangistes » sous lequel ils sont connus. C'est sans doute vers ce temps que se compléta pareillement, après les quelques essais déjà connus de nous, l'organisation paroissiale de Saint-Nicolas, avec cette particularité qu'elle devient chaque jour plus parfaite à mesure que grandissent les difficultés et que les lois devenaient plus ombrageuses.

On ne saurait trop le redire en effet, pendant que les Administrations locales dirigeaient leur principal effort contre les anciens terroristes dont ils essayaient de flétrir les excès, le Directoire rappelait peu à peu ces bandits au pouvoir dans les départements, et ravivait insensiblement dans la législation toutes les pénalités anciennes contre les prêtres, constamment poursuivis sous l'inculpation hypocrite de « perturbateurs de la paix publique ». Avec cette arme si souple on frappa qui l'on voulut.

Ainsi parmi ces prêtres que la loi libérale d'un jour avait abrité, et qui confiants en elle venaient de se montrer, plusieurs vont être les victimes de leur confiance même : et tout d'un coup, par une saute de vent de l'opinion régnante, leur certifi-

Les Richesses d'Art de Saint-Lomer.
Un des chandeliers du maître-autel
en bois sculpté et doré (XVIII° s.)

Les verrières modernes de l'antique abbatiale.
La vie et la mort du saint moine Lomer (XIXᵉ s.).

cat de résidence servira de pièce à conviction pour les perdre.

Le 7 brumaire an IV tout le clergé de Saint-Nicolas va se trouver dans cette malheureuse situation, et pourtant l'année 1795 n'est pas achevée encore.

Une loi des jours précédents (3 brum.) venait de remettre en vigueur la législation contre les prêtres sujets à la déportation ; aussitôt 'la municipalité est sommée de fournir le tableau de ceux qui ont leur domicile sur son territoire et de les appréhender au corps.

Les magistrats rédigent donc au plus vite une liste de vingt-trois noms, ceux mêmes que les documents publics ne permettent pas de dissimuler et que révèlent soit les registres d'écrou, soit les certificats précédemment signalés. Or parmi ces infortunés se trouvaient « Gallois, curé ; Bimbenet et Ménard, du Foix » ; le clergé de la paroisse au complet ; et, ce qui était plus alarmant encore : « Adam, Roguin et Cabarat » administrateurs diocésains comme l'abbé Gallois, c'est-à-dire presque tous les représentants de l'évêque Thémines.

Un seul coup de filet heureux allait-il jeter dans la consternation la paroisse et tout le diocèse ? Il n'en fut rien ; comme à l'ordinaire l'opinion modérée des magistrats blésois et de la population retardait sur les énervements périodiques des Pouvoirs en délire ; des amis discrets avertirent à temps les inculpés, fort probablement ; toujours est-il que les gendarmes après une perquisition dans toute la ville revinrent sans avoir saisi un seul de nos prêtres, et, ce qui est plus significatif, sans avoir pu « être renseignés sur leur domicile ».

Jusqu'à la fin de l'an IV cet état de chose persévère, et les violences devinrent assez rares en ce pays.

C'est durant cette phase pleine de contrastes que l'abbé Bergeron vint, entre deux persécutions, s'adjoindre (août 96) au clergé de Saint-Nicolas, tandis que l'abbé Bimbenet, hors de combat, succombait le 11 prairial an V « âgé d'environ 29 ans » (Reg. d'état civil, déclaration du 12 prair.)

L'arrivée de l'abbé Bergeron. — Ce nouveau collaborateur ne pouvait manquer d'attirer sur sa personne toutes les sympathies ; car malgré sa jeunesse, les épreuves qu'il venait d'endurer depuis trois ans, avaient buriné sur ses traits leur rude empreinte ; il arrivait des bagnes et des pontons, avec l'auréole des confesseurs de la foi ; dans les modestes cénacles de la paroisse allaient ainsi revivre les hypogées des premiers siècles avec leurs assemblées où l'on se pressait pour baiser les cicatrices des martyrs.

L'abbé Bergeron avait laissé sur son ministère à Saint-Nicolas des notes aujourd'hui malheureusement égarées en partie, dans lesquelles il signalait un règlement particulier fait pour l'un des centres de réunion avec une allusion à l'exiguité du lieu : « quand toutes les places, y est-il dit, seront prises, ceux qui surviendront voudront bien chercher à se placer dans la galerie ou autres endroits adjacents ». Bien d'autres indications de toute nature s'y trouvaient, dont quelques-unes enrichiront ces derniers chapitres.

L'action de ce jeune prêtre a d'ailleurs laissé des traces assez nombreuses dans les registres paroissiaux de l'époque où divers actes portent sa signature ; le 31 juillet 1797 en particulier il préside les prières d'obsèques au domicile d'une ancienne tourière de la Visitation entouré des religieuses de l'ordre qui ont signé. Il fut toujours très dévoué à ces dames parmi lesquelles il compta plusieurs parentes, et leur apportait volontiers le concours de sa parole ; j'ai eu jadis entre les mains deux de ces sermons prononcés en 1798 l'un pour le jour de Sainte-Chantal, leur fête patronale, l'autre pour le renouvellement de leurs vœux, à la fête de la Présentation.

Son activité ne se bornait pas là ; il cumulait en ces dernières années les fonctions de vicaire de Saint-Honoré avec les siennes, et on peut être sûr que les paroisses rurales des environs ne firent jamais appel à son zèle sans qu'il accourut ; nous avons de ce genre d'apostolat un indice précis, c'est un discours enflammé qu'il fit au cours de 1797 dans un oratoire privé de Chambon, et qui ne put manquer de porter des fruits ; il y conviait ces braves gens à la vaillance, et sa propre attitude en face des persécutions dut servir de vivant commentaire à ses paroles. — Il resta au service de la paroisse jusqu'au départ de M. Gallois en 1802.

Il y aurait toute une étude à faire sur cette existence à la foi héroïque et bizarre qui fut des plus tourmentées. A peine ordonné, six de ses concitoyens le dénoncent ; et le 31 mars 1793 un arrêté du conseil général du département le condamne à la déportation. Mais au lieu de l'exil il eut à subir un supplice cent fois plus douloureux, celui de l'internement dans les forteresses, du séjour sur les vaisseaux négriers, et d'autres encore. A plusieurs reprises il se vit, soit du fait des hommes, soit par l'épuisement dû à tant de souffrances, en péril de mort, et le laisse à peine soupçonner dans les notes autobiographiques, qu'il a rédigées trop brièvement à notre gré, et que nous sommes heureux de livrer à la vénération de la postérité :

« *Février 1792*. — Le 19 février 1792, j'ai été ordonné prêtre.

« *16 mars 1793*. — Au mois de mars de l'année suivante, la persécution frappa sur moi personnellement et aboutit à me faire perdre la liberté. Le 16, qui était un samedi, veille du dimanche de la Passion, les gendarmes vinrent me chercher à la maison de ma mère et me conduisirent à la municipalité où je fus obligé de comparaître le lendemain pour me justifier de n'avoir pas paru aux assemblées des jeunes gens pour le tirage. On fit un arrêté contre moi, sur la dénonciation par écrit de six citoyens, pour que je sortisse du territoire de la République. Cet arrêté me fut signifié de la part du District, le Lundi-Saint, 25 mars, entre 8 et 9 heures du matin ; je remerciai celui qui me l'apporta. La même mesure frappait en même temps un de mes confrères et compatriotes qui subit le même sort que moi, mais recouvra sa liberté plus d'un an avant que je revinsse au pays.

« *30 mars 1793.* — Le Samedi-Saint au soir, les gendarmes revinrent me chercher, et après m'avoir conduit à la maison commune, ils m'emmenèrent à Blois dès le même soir. Le lendemain, jour de Pâques, je comparus devant le Département, qui m'ayant proposé de faire le serment... me donna à délibérer jusqu'au lendemain. Le 1er avril je reparus ainsi que je m'y étais engagé... et ayant déclaré que ma

conscience ne me permettait pas de faire
le serment proposé, je fus envoyé à la
maison d'arrêt.

« *1 avril 1793.* — J'en sortis le jeudi
suivant pour être dirigé sur Bordeaux. J'é-
tais accompagné de deux gendarmes ; en
deux jours nous arrivâmes à Tours où,
pour la première fois, le vendredi 5, je
couchai sur la paille.

« *22 avril 1793.* — Après être resté à
Tours quelques jours, je me vis conduit à
Bordeaux en compagnie d'une quarantaine d'autres prêtres. Nous y arrivâmes
après bien des dangers le 22 avril. J'eus
le bonheur de communier (à Bordeaux)
vers la fête de l'Assomption, et d'entendre
la messe vers la fête de la Nativité. Le 10
septembre, je pus dire la sainte messe.

« *9 novembre 1793.* — Le 9 novembre nous fûmes transférés à la *Tour an-
glaise,* OÙ J'AI SUBI TROIS AGONIES ASSEZ VIO-
LENTES, M'ÉTANT VU A TROIS DIFFÉRENTES FOIS
SUR LE POINT D'ÊTRE GUILLOTINÉ. J'avais déjà

eu cette crainte assez fortement à Poitiers où l'on s'était fait un jeu de nous faire baiser l'arbre de liberté.

« *17 décembre 1793.* — Au bout d'un mois nous fûmes transférés à *Blaye* où, pour la première nuit, il me fallut coucher sur le plancher ; et le reste du temps, c'est à dire environ *onze mois*, ou sur la paille ou sur un mauvais matelas.

« *20 avril 1794.* — Le jour de Pâques nous eûmes le bonheur de célébrer la sainte messe pour la première fois dans cette prison, et moi en particulier j'eus le bonheur de la dire le lendemain.

« *1er août 1794.* — Le premier août de cette même année qui était un vendredi. on nous enleva nos livres ; j'eus le bonheur d'en sauver quelques-uns. Cela ne m'a point empêché de pouvoir réciter mon bréviaire. Nous sûmes résister à l'invitation ou même à l'ordre de travailler les dimanches.

« *15 novembre 1794.* — Le quinze novembre on nous EMBARQUA pour, disait-on, nous déporter (1).

« *Pâques 1795.* — Nous fûmes débarqués quelque temps après Pâques de 1795 et déposés à *Brouage* ou nous demeurâmes à peu *près un an.* J'y eus les fièvres.

« *Pâques 1796.* — A Pâques de 1796 nous avons été transférés à *Saintes.* Le voyage que j'ai fait par eau m'a été beaucoup pénible.

« *15 août 1796.* — Aux environs de l'Assomption, même année, il est venu des ordres pour nous renvoyer dans nos départements respectifs.

« *29 août 1796.* — Le vingt-neuf août, à midi, je suis arrivé à Blois.

« Pendant ma détention j'ai reçu bien des grâces, l'estime-pratique de ma posi-

____

(1) Embarqués sur des vaisseaux négriers, ils furent conduits en rade de Rochefort, et séjournèrent auprès des *pontons* de si lugubre souvenir ; et traités durant de longs mois, non moins rigoureusement que les confesseurs de la foi dont on venait de les rapprocher.

tion, un attrait pour le recueillement et le silence, et en général un grand désir de la vie intérieure, désir qui n'a point été stérile. »

Ainsi s'achèvent sans une parole d'amertume les notes de l'abbé Bergeron sur cette phrase de sa vie ; je ne connais rien de comparable à ce silence. Pour comprendre le sens de ces froides et trop sobres éphémérides il faut chercher ailleurs : dans les Mémoires et les récits des contemporains : autrement on ne soupçonnera jamais à quels excès furent portées ces prétendues mesures de salut public et quelles furent les souffrances des confesseurs de la foi. Rien n'en peut donner l'idée, et les larmes montent aux yeux des plus indifférents en face de ces tableaux qu'on croirait empruntés à l'enfer de Dante.

Quant aux victimes de ces brutalités, par un surcroît d'héroïsme, elles avaient fait en commun le serment de ne jamais se plaindre de leurs bourreaux et de taire

tout ce qui pouvait intéresser à leurs souffrances, laissant à Dieu de leur rendre un
jour témoignage, et s'attendant à lui pour
recevoir dès ce monde cette « internelle
consolation » qu'il réserve aux grandes
douleurs.

Libéré donc vers le 15 août 1796, l'abbé
Bergeron se donne bien de garde de se
montrer à Mer, où la malveillance continue
de le poursuivre : c'est à Blois qu'il s'arrête, et qu'il obtint aussitôt de l'autorité ce
poste de vicaire, sa première étape dans
le ministère pastoral. Mais sa retraite ne
resta pas longtemps inconnue ; bientôt
dans le monde des constitutionnels, parmi
les personnages officiels circulèrent des
bruits de nature à le compromettre ; on
prétendait que, comme l'infortuné Saunier, et renouvelant sa sainte imprudence,
« il avait été vu dès l'été de l'an V confes-
sant des dévotes, à l'hôpital » ; lequel était
en effet sur son territoire.

A Mer surtout où sa famille vivait, mal

notée de l'Administration, on était aux aguets de tout ce qui pouvait discréditer les Bergeron. Un prêtre exalté, Monrocq venu de la Sarthe, y cumulait les fonctions pastorales avec celles de commissaire du canton. c'est lui qui dénoncera sa présence au représentant du Gouvernement en Loir-et-Cher : « Interrogez à cet égard, lui écrit-il, les femmes patriotes attachées à cet hospice et le citoyen Chenu ministre du culte catholique à Saint-Nicolas » (17 ventôse an VII).

Le clergé de Blois à l'époque de cette délation était surveillé de très près ; beaucoup ne signaient plus leurs actes que par des pseudonymes ; et Bergeron y prend parfois le nom de « Marie » ; mais bientôt l'ordre allait se rétablir, et déjà les persécutés commençaient à espérer. Il n'en est pas moins probable que les bruits qui dès l'an V avaient circulé en ville obligèrent Bergeron à une grande circonspection, et sans doute il dut se cacher plus d'une fois.

surtout à l'époque des battues générales ;
on comprend par là de quelle importance
était pour la bonne marche des groupes
de Saint-Nicolas cette réglementation du
service dominical en l'absence du prêtre,
dont on lira plus loin le statut.

*Développement de l'organisation pa-
roissiale, malgré les violences du Directoire.* — Le coup d'État du 18 fructidor et la réaction politique qui suivit,
marquent une étape nouvelle dans la persécution qu'eut à subir le clergé fidèle. De
l'aveu de tous, le Directoire fut hostile,
par principe, à l'Église romaine dont il
rêvait l'anéantissement. L'occasion lui parut favorable, et il essaya d'envelopper
les prêtres dans la disgrâce du parti vaincu.

Si l'an V connaît encore quelques mois
relativement calmes, la terrible loi du 19
fructidor va de nouveau déchaîner sur les
prêtres, qui se sont mis en évidence par
leur zèle, toutes les fureurs du Pouvoir
exalté par le succès. Dans les mois qui sui-

vront, c'est partout la persécution ouverte.
L'an VI s'inaugura par un ordre du Gouvernement prescrivant une battue générale
dans tout le pays ; les commissaires du
directoire exécutif près les départements
doivent immédiatement lancer dans toutes
les directions leurs collègues des cantons,
et ils y déploieront un zèle scandaleux.

Le 2 nivôse an VI (22 déc. 97) celui de
Loir-et-Cher écrit à ses limiers : « qu'aucune considération ne vous arrête, mettez
tout en œuvre pour faire saisir ces *perturbateurs* de la morale publique » : c'est le
mot à la mode : et le lendemain avec plus
d'instance encore au commissaire de Mer.
Monrocq, un des plus violents parce que
c'est un prêtre et le curé-même de la ville :
« surveillez leurs démarches, assurez-vous
des lieux où ils se retirent, exécutez la loi
sans ménagement » (lettre du 3 nivôse
an VI).

Il lui faut des têtes à offrir au ministre
de la Police générale qui le talonne ; le 30,

il lui raconte avec fierté comment il a mené le combat, et que si les coupables en « se cachant » ont pu échapper, du moins il « les a fait trembler ».

Déjà le 16 brumaire an VI les administrateurs du canton de Montrichard avaient décidé de réincarcérer quelques prêtres infirmes ou âgés jadis élargis de la maison de détention des Capucins de Blois, et visés par la loi du 19 fructidor an V.

Tout le pays est en effervescence : la division agite tous les foyers ; à Saint-Aignan les jeunes gens se décochent les uns aux autres les appellations irritantes de « royalistes et de buveurs de sang » (Délib. mun., 25 therm. an V).

En cette crise, nos prêtres de Saint-Nicolas, bien que toujours au poste, sont assez heureux pour se faire oublier, et passent inaperçus, car nul des trois n'est inscrit sur la nouvelle liste des prêtres déportables que la municipalité, pressée par les réclamations du ministre de la Police générale, dut encore une fois dresser (1er brumaire an VI).

L'abbé Gallois n'était pourtant pas loin, car le 10 juillet 1797 les actes paroissiaux font mention de sa présence aux obsèques de Dame Marie Foyal, une des notabilités du pays, et sa signature y est apposée.

Mais, comme nos historiens blésois l'ont souvent répété, le zèle des administrations locales était loin de satisfaire à ces exigences persécutrices, et se portait à des objets plus utiles.

Aussi, lassé par les réponses dilatoires qu'il en recevait, et par l'insuccès habituel des perquisitions, le ministre de la Police entendit avoir le dernier mot, et cassa d'un coup la municipalité de Blois, et l'administration départementale : « considérant, disait-il, que le département de Loir-et-Cher est un de ceux où l'inexécution des lois contre les prêtres et les émigrés a le plus encouragé les ennemis de la république : qu'ils abondent dans ce département, et que les prêtres y exercent impunément le culte catholique dans des rassemblements proscrits... » (23 vendémiaire an VI-14 oct. 97).

Ce n'est que plus tard, après la chute des deux administrations, que le groupe de Saint-Nicolas eut à souffrir de la malveillance des autorités blésoises, quand le 19 prairial an VI la police envahit l'un de ses centres de réunion accoutumés, et y fit mains basse sur tous les papiers, etc.; nous y reviendrons avec détail un peu plus loin.

Pour le moment il nous faut donner sur les développements de l'organisme paroissial quelques renseignements généraux relatifs à cette époque ; notamment sur les divers centres ou chapelles destinés au culte. Plusieurs locaux avaient reçu avec le temps cette destination ; nous les connaissons par des documents contemporains fort précis ; et pour la plupart d'entre-eux, il nous est possible d'indiquer jusqu'au nom de la rue et du propriétaire de l'immeuble.

Le centre principal, celui où se conservaient les pièces d'administration, et qui paraît avoir retenu en propre la désignation de « Saint-Nicolas » était la demeure-même du vicaire Claude Menard, dans la rue du Foix. Outre cet oratoire la paroisse offrait encore à ses fidèles sous le Directoire trois autres lieux de réunion : l'un situé rüe des Carmélites, un troisième dans les appartements d'un notable de Blois, M. Cuffault, le dernier sur un point moins nettement déterminé mais dont l'existence est attestée par les actes-même de la paroisse ; il se pourrait que ce quatrième groupement se confonde avec la réunion qui se tenait aux Grouëts chez L'huillier ou à l'hôtel Pasquier, et dont il sera question au titre suivant.

L'abbé Bergeron nous a conservé, parmi les nombreuses notes de ses collections, une pièce officielle contemporaine de l'époque du Directoire qui nous donnera une idée fort exacte de la condition du clergé et des fidèles à ce moment ; c'est un *Règlement* d'ordre général « dressé en 1796 par Messieurs les vicaires généraux du diocèse » et par conséquent tout à fait d'actualité, qu'il avait, dit-il « copié sur la minute envoyée par M. D. l'un deux ». Le document visait un genre de réunions alors très fréquent, celui où le peuple se rassemblait ouvertement sur simple déclaration et sans ministre du culte ; beaucoup échappèrent ainsi aux violences, ce qui ne les empêchait pas de recevoir en secret la visite nocturne de leurs prêtres. — En voici l'analyse ; il a pour titre :

« RÈGLEMENT *pour le chant de l'office* « *du matin et du soir, les* DIMANCHES ET « FÊTES *dans les assemblées des fidèles* « *où il ne peut se trouver des prêtres.* »

ARTICLE 5

L'article cinquième est fort explicite sur les dangers d'alors, et prévoit le cas fréquent où des laïques seront obligés de « présider à l'office public dans les chapelles domestiques ; la *persécution ne permettant pas aux prêtres de s'y trouver* ».

ARTICLE 8

« On ne chantera rien de ce qui est réservé aux diacres et aux prêtres. Ainsi, pour l'*Office du Matin*, on chantera seulement l'*Asperges*, sans faire la cérémonie et sans l'oraison ; la procession de même sans oraison, l'*Introït*, le *Kyrie eleyson*, le *Gloria in excelsis*, point de collecte, l'*Epitre*, le *Graduel*, point d'Evangile, le *Credo*, l'*Offertoire*, le *Sanctus*, une hymne au Saint-Sacrement, point de préface ni de *Pater*, l'*Agnus Dei*, la *Communion*, point de postcommunion ni d'*Ite missa est*, le *Benedicamus Domino* et le *Deo gratias* ».

ARTICLE 9

« On commencera l'office par la récitation du *Pater*, de l'*Ave*, du *Credo*, et du *Confiteor* en français, des commandements de Dieu et de l'Eglise et des actes ».

ARTICLE 10

« Avant le *Credo* on lira l'Epitre et l'E-
vangile avec des réflexions et deux pages
du grand catéchisme qu'on lira de suite
tous les dimanches et fêtes jusqu'à la fin ».

ARTICLE 11

« Le soir on chantera *Vêpres* et *Complies* et les prières du *Salut* ; mais on n'y
dira ni *Deus in adjutorium*, ni *Capitule*,
ni oraison, ni aucune bénédiction. On fi-
nira par la prière comme à l'article 9 ».

ARTICLE 12

« On tâchera de faire le catéchisme entre vêpres et complies, ou avant-vêpres,
ou après ».

Outre cette pièce si instructive, nous
avons pour nous renseigner bien d'autres
notes, prises çà et là dans les divers dépôts sur cette phase si mal connue de la
nouvelle Terreur inventée contre le Clergé
à l'époque du Directoire ; en effet, en in-
ventoriant les divers papiers qui, soit par
voie des saisies administratives, soit au-

trement, nous sont parvenus il est facile
de reconstituer les conditions dans lesquelles se poursuivit ainsi, en pleine persécution, le service religieux chez les catholiques. Nous apprenons par la teneur de
certains actes cités dans cette notice quels
principes présidaient à l'administration où
à la validation des sacrements; nous savons comment on célébrait les offices,
comment se faisaient les obsèques religieuses, alors que toute manifestation cul-
tuelle était interdite sur la voie publique;
comment aussi étaient gérées au point de
vue temporel ces petites communautés;
et quantité d'autres détails qui se retrouve-
ront dans l'étude que nous allons consacrer
à chacun des groupes.

Mais avant d'aborder ce dernier sujet
nous voulons donner ici une idée du modeste patrimoine que possédait pendant la
tourmente la paroisse catholique de Saint-
Nicolas. Une sorte d'inventaire mobilier
en avait été dressé, avant la découverte

de la cachette du Foix, et consigné sur un carnet spécial que nous avons encore; on y voit que la plus grande partie des objets servant au culte appartenait en propre au vicaire Claude Menard; presque tout le reste, aux dames Carmélites ou à l'abbé Gallois; fort peu de chose à la fabrique. C'était là sans doute le fond commun où chaque groupe venait puiser suivant ses besoins.

Il apparaîtra par la lecture de cette pièce qu'à la date où elle fut rédigée il n'existait encore que « deux locaux », dont l'un situé « au pont du Gast » possédait-même « un autel monté ». Cela nous reporte donc à un état de choses antérieur à l'an VI, puisqu'à cette dernière époque il existait dans la paroisse quatre groupes au lieu de deux. Il s'agit là selon toute probabilité des centres que nous avons trouvés en activité sous la Terreur.

Ce carnet, provenant de la saisie faite chez l'abbé Menard, est une relique précieuse de cet âge, l'une des rares qui nous restent en authentique : en voici le texte intégral fidèlement transcrit :

Etat des ornemens vases sacrés et linges qui servent pour le culte catholique de la paroisse de Saint-Nicolas, qui n'appartiennent pas à ladite paroisse, mais à différents particuliers ci-après désignés.

Objets appartenant à M. Menard, vicaire de Saint-Nicolas.

1. « Un ostensoir c'est-à-dire un soleil de cuivre argenté de la somme de 40 l.

2. « Un calice, coupe d'argent dorée en dedans, pied de cuivre argenté, patène d'argent dorée en dedans : 70 l.

3. « Un petit calice, coupe d'argent dorée en dedans, pied de composition, patène d'argent dorée en dedans : 30 l.

4. « Un ciboire, coupe d'argent dorée en dedans, couvercle d'argent pied de cuivre argenté : 55 l·

5. « Un petit ciboire d'argent ayant

dans le pied un petit vase pour les saintes huiles aussi en argent : 36 l.

6. « Trois petits vases d'argent pour les saintes huiles : 24 l.

7. « Un encensoir de cuivre argenté avec la navette de même matière : 30 l.

8. « Sept chasubles de différentes couleurs, une chappe, quatre parements d'autel, deux étoles pastorales dont l'une est en drap d'argent, un voile pour couvrir le Saint-Sacrement, le tout 500 l.

9. « Une aube garnie en dentelles : 36 l.

10. « Six chandeliers de bois : 13 l., 10 s.

11. « Petits linges d'autel, cordons, amicts : 10 l.

12. « Un missel blésois et son pupitre : 33 l.

13. « Une petite table servant de piédestal à la Sainte Vierge, qui est à Saint Joseph : 4 l., 10 s.

14. « Bancs et marchepieds qui sont aux deux locaux : 12 l.

15. « L'autel qui est au pont du Gas tel qu'il est monté : 9 l.

Objets appartenant aux dames carmélites.

« Un grand reliquaire, cadre doré, placé au milieu de l'autel dans lequel est une image du Sacré-Cœur.

« Deux autres reliquaires communs, cadre doré, dont l'un est l'image de la naissance, dans l'autre celle de saint Jean-Baptiste.

« Le rituel de Blois.

« Le crucifix qui est à l'autel.

Objets appartenant à M. Gallois, curé de la paroisse.

« Un antiphonaire, un graduel, livres de lutrin, un missel blésois.

Objets appartenant à la paroisse.

« Deux parements d'autel en colonne, dont l'un est fond rouge et blanc avec des fleurs de différentes couleurs ; l'autre, fond blanc et vert.

« Deux garnitures d'autel.

« Une nappe d'autel qui a été donnée pour la chapelle de la Sainte Vierge.

« Les cartons pour la messe, à cadre doré, sous verre.

« Une grande croix de bois pour la procession.

« Quatre vases pour mettre des bouquets ». (A. D., L. 2008, cahier de 16 pp.).

IX

QUATRE CHAPELLES DOMESTIQUES DESTINÉES AU CULTE CATHOLIQUE. — ALERTE DE PRAIRIAL, AN VI.

LA CHAPELLE DU FOIX

Comme nous l'avons signalé déjà, l'un des centres de réunion fut au cours de l'an VI découvert par la police dans la maison de l'un des vicaires, Claude Menard, au n° 77 (ancien) de la rue du Foix. On ne saurait porter trop haut le mérite de ce jeune prêtre qui fut, on peut le dire, la providence de la paroisse durant tous les mauvais jours. Sans cesse sur la brèche, il supplée son curé fréquemment absent, administre, rédige les actes secrets, recrute des fonds, amène des adhérents, érige les chapelles : c'est lui qui tient la librairie de propagande et d'apologétique : et sa bibliothèque dont nous connaissons la composition, est un véritable arsenal contre le schisme.

Grâce au procès-verbal de police, cette modeste fondation nous est connue jusque dans les moindres détails : c'était une organisation complète où la vie paroissiale se déroule sous nos yeux avec son personnel dirigeant, sa fabrique, ses revenus, etc.

Voici quelles étaient les dispositions du local. Tout en haut de la maison, et sous le toit même avait été pratiquée une cachette, habilement dissimulée, sur laquelle donnait accès « une trappe à coulisse » ; c'est là qu'était renfermé tout le mobilier nécessaire au culte : vases et instruments, vestiaire, registres, sermons, librairie d'église ; le procès-verbal de saisie constate à des signes indéniables que « le culte catholique est célébré dans cette maison » ; là-même, ou dans quelque pièce, d'accès moins incommode.

Quant à l'inventaire de la chapelle, on

y porte : « un calice, un ciboire, dont les coupes d'argent sont montées sur des pieds de chandelier de cuivre argenté, une patène d'argent, un ostensoir de cuivre argenté, un petit ciboire d'argent pour les malades, un vase d'étain pour les saintes huiles, une bourse pour porter les sacrements aux malades, une pierre d'autel, des chandeliers de bois doré, un tabernacle en bois et carton, deux cierges neufs et quelques-uns qui avaient déjà servi, quatre soutanes, un bonnet carré, une grimace (1) (lisez : boîte à grimace) contenant des pains à célébrer, un camail, un rochet, une chape, cinq chasubles garnies d'étoles, manipules et bourses, neuf devant-d'autel, deux morceaux de taffetas rouge, six aubes, une ceinture, un sur-

______

(1) C'est la « boîte à grimace » aujourd'hui devenue rare, mais qu'on peut encore retrouver dans quelques sacristies de couvent. On y enfermait les pains d'autel. J'en ai rencontré çà et là. On lit dans H. Havard, *Dict. de l'ameublement* : « Grimace : boîte couverte d'étoffe... au couvercle de laquelle il y a une pelotte pour mettre des épingles. »

plis, une nappe d'autel, beaucoup de menus linges, un goupillon, quatre, pieds de chandeliers en bois argenté, une niche pour exposer le Saint-Sacrement, quatre ceintures en soie à l'usage de prêtre, deux garnitures en mousseline pour des nappes d'autel, une chasuble, un manipule, quatre étoles, six voiles d'étoffe, deux parements. cinq morceaux d'étoffe rouge pour servir d'enveloppe aux ornements ».

On voit à ce dernier trait que l'ordre et les soins de rangement n'étaient pas plus négligés que les autres services dans cette intéressante chapelle ; rien n'y manque. donc, sauf pourtant l'autel qui eut été un luxe encombrant et qu'une table, avec « la pierre » sacrée signalée à l'inventaire, remplaçait facilement. Ajoutez-y les livres d'église portés au catalogue des imprimés : « missel, graduel, office des morts, diurnal, rituel à l'usage de Blois; et deux exemplaires d'un petit psautier latin-français » avec toute la librairie de Claude

Menard, et les pièces de comptabilité ou d'administration que nous avons transcrites intégralement p. 100.

Veut-on maintenant être renseigné sur l'organisation paroissiale ; l'inspection rapide du catalogue des manuscrits ci-dessus reproduit nous en donnera une idée assez précise ; il est question en effet dans les papiers inventoriés : de « messieurs les marguilliers » et de leurs « délibérations », de « la confrérie du Saint-Sacrement » et de celle des « agonisants », de « reçus pour les places à Saint-Nicolas et chez M. Cuffaux », des « quêtes », de contributions « en argent pour les frais du culte » avec un « état nominatif de ceux qui y ont contribué ».

Parmi les papiers de la cachette nous trouvons encore des actes de baptême et de mariage, un « règlement » paroissial, un « avis aux fidèles, habitant la paroisse Saint-Nicolas sur la conduite à tenir dans les circonstances présentes », un appel des marguilliers aux « catholiques du Foix » les invitant à contribuer suivant leurs facultés aux dépenses nécessaires pour le culte » ; enfin, — et ceci a la valeur d'un document pour éclairer nos recherches ultérieures, — « deux livrets portant règlement pour la paroisse Saint-Nicolas avec indication de QUATRE LOCAUX servant de chapelle ».

La descente de police de l'an VI. — Là donc s'exerçait. depuis un temps que nous ne pouvons préciser, le culte catholique, lorsque, le 18 prairial an VI, c'est-à-dire au printemps de l'année 1798, l'administration du département fraîchement élue à la place de celle que le ministre venait de briser, prit un arrêté ordonnant des perquisitions en ville : une liste avait été dressée des maisons suspectées d'abriter les réunions illicites du culte ; les nouveaux élus devaient au ministre cette preuve non équivoque de leur zèle.

Dès le lendemain la police faisait irruption au domicile de Claude Menard ; ce jour-là, comme si l'on avait en haut lieu escompté cette prise de choix, la descente de police avait pris des proportions tout à fait insolites, c'est « le commandant de la force armée stationnée dans le département » qui opère en personne, assisté du « juge de paix du second arrondissement de Blois » ; ils se portent donc au numéro 77 de la rue du Foix, après avoir fait sur plusieurs points de la ville d'infructueuses recherches et y découvrent la mystérieuse trappe. Saisir tous les objets qu'elle dérobait aux regards profanes, et les faire sur-le-champ « transporter à l'administration » fut l'affaire d'un instant, il importait de ne pas quitter la place sans avoir mis en sûreté tant de « pièces à conviction », comme aussi tous ces papiers révélateurs : et les voilà qui accourent jusqu'à Bourgmoyen raconter l'aubaine aux administrateurs du département. Ils étaient à ce moment en séance : Camereau présidait, et

Durand, commissaire central, probablement l'âme du complot, siégeait à ses côtés.

Ceux-ci à leur tour prennent la chose au tragique, et pressés de rendre compte au Gouvernement d'un pareil succès, ils décident qu'aussitôt inventaire de tous les objets saisis sera dressé et expédié « dans ce jour » avec le procès-verbal « au ministre de la police générale » ainsi qu'à « l'accusateur public établi près le tribunal criminel de ce département ». C'est à cet excès de zèle que nous devons le précieux document dont nous avons tiré tant de renseignements sur les secrets de la vie paroissiale dans nos groupes catholiques. Il n'est pas sans intérêt pour l'histoire des mœurs en ce pays de noter encore une particularité de l'affaire, c'est que dans cette saisie l'Administration était peut-être sortie de la légalité, et dut le confesser en avisant le ministre ; mais elle avait son excuse toute prête, aussi lui fit-elle savoir que si elle avait elle-même mis en sûreté tous les objets de la cachette, c'est qu'elle se défiait « de l'ordre judiciaire » lequel faisait « souvent disparaître les pièces ». Ce trait est des plus significatifs et nous fait toucher au doigt la vérité des traditions conservées en blésois quant à la vieille rivalité entre les corps administratifs et la magistrature, durant la période révolutionnaire ; et ce n'est pas la seule fois que les jacobins du lieu accuseront ceux-ci de mollesse, d'incivisme et de complicité avec la réaction, ce qui est tout à leur avantage.

LA CHAPELLE SAINT-PIERRE

Comme il ressort des textes trouvés chez Claude Menard, la paroisse garda toujours son unité sous la haute administration de l'abbé Gallois : ceci toutefois n'empêchait point la multiplication, et au besoin le déplacement, des centres de réunion, sous des vocables particuliers. Une seconde chapelle un peu plus rapprochée de la ville fut dédiée à Saint Pierre, en souvenir sans doute de l'église de Saint-Pierre du Foix, disparue au XIVe siècle, et dont le quartier dépendait.

Située rue des Carmélites, dans une maison appartenant à la veuve Deroy, nous en connaissons jusqu'aux dimensions : onze pieds et demi sur neuf. La bénédiction en fut faite le 8 août 1796 par l'abbé Claude Menard qui en a dressé sur les cahiers de paroisse le procès-verbal suivant : « l'an 1796. le 8 août, j'ai, vicaire soussigné, béni une chapelle domestique sous l'invocation de Saint Pierre, et ce après en avoir obtenu la permission d'*un vicaire général* qui est aussi curé de cette paroisse ; la dite chapelle située dans la rue des Carmélites au n° 25, chez la dame veuve Deroy, à qui appartient la maison. Elle est au premier étage, abutant sur une petite cour ; sa longueur est de 11 pieds et demi, sa largeur de 9. Il y a une croisée qui ouvre sur la petite cour ».

Signé : Menard. vicaire de Saint-Nicolas.

A cette date, l'abbé Bimbenet vivait encore. mais son existence touchait à son déclin et le ministère de l'abbé Menard allait devenir plus compliqué que jamais, lorsque la Providence lui envoya un aide inespéré dans un jeune ecclésiastique dont à ce moment-même elle venait de briser les fers, et que nous avons vu en pleine activité au chapitre précédent.

LA CHAPELLE DE M. CUFFAULT

Un troisième groupe se réunissait chez M. Cuffault. ancien « bâtonnier » et « bourgeois de Blois ». habitant la paroisse, que nous avons vu sous la Terreur ouvrir au culte sa maison de la rue Porte-Côté. Incarcéré à diverses reprises à cette époque. il était sorti du repaire *des suspects* avec une note malveillante du proconsul Guimberteau qui le dénonçait à l'opinion ; ce dernier en effet ou quelqu'un de ses affidés. tout en lui rendant la liberté le 27 nivôse an II avait fait transcrire à la suite de son nom, sans doute pour le signaler à la surveillance particulière de la police, la note : « fanatique outré », l'une des plus dures qui ait été infligée à ce genre de reclus. A défaut d'autres renseignements, elle eut suffi à nous révéler en M. Cuffault un des militants de notre cité ; mais nous en avons bien d'autres preuves.

Celui qui avait caché les prêtres et abrité le culte aux jours de. Robespierre, continua sans nul doute les mêmes services durant l'ère moins périlleuse de l'an III et de l'an IV ; aussi quand éclata de nouveau en fructidor an V l'implacable persécution du Directoire qui renouvelait toutes les manaces de l'époque sanglante vis-à-vis du clergé fidèle, il est à croire qu'il y avait là une organisation toute prête et nous le retrouvons, offrant comme par le passé sa maison et ses bons offices au clergé pour les assemblées de fidèles. Les papiers saisis dans la cachette de la rue du Foix nous y signalent en effet la célébration des « offices divins » au cours de l'an V (1796-97) des « quêtes » et des cotisations pour location de « places » dont M. Cuffault remettait régulièrement le montant à l'abbé Menard, à peu près chaque mois.

La famille hospitalière dont nous parlons est représentée sur nos registres secrets, où se voit la signature de Mme Cuffault (21 novembre 1796). Une pièce contemporaine de l'incarcération de son mari nous l'avait déjà fait connaître, elle et « ses trois petits enfants » ; c'est une démarche auprès du Comité Central qui alors faisait trembler toute la contrée et tyrannisait même les administrateurs du département.

Pour arracher son mari de la maison de détention où on l'avait jeté, elle dut comme tant d'autres se soumettre à l'étiquette jacobine et au vocabulaire du temps, mais nous voyons avec satisfaction qu'elle se contente d'exposer son cas, sans sacrifier à l'usage alors presque universel des protestations de civisme : ce qui est un indice de sa droiture et d'une fierté toute chrétienne. Voici cette supplique :

« Aux membres du Comité de Salut Public. Citoyens. — L'épouse du citoyen Cuffaul, chargée de trois petits enfants, a le malheur d'avoir son mari aux Carmélites ; elle vous supplie de vouloir bien le lui remettre, étant dans un état de maladie et ne pouvant se passer de lui : elle vous aura la plus entière obligation ». Signé : « femme Cuffault ».

LA QUATRIÈME CHAPELLE

On n'a pas oublié que les papiers de l'abbé Menard inventoriés par la police (an VI) révélaient en toutes lettres l'existence de « *quatre locaux* », servant de chapelle, en la paroisse. — L'emplacement de ce dernier centre de réunion n'est pas nettement déterminé : peut-être certaines indications de date antérieure nous pourraient mettre sur la voie, c'est d'abord un arrêté du 3 mai 1793 pris par le Comité Central, duquel il semble résulter qu'à cette époque déjà la campagne voisine donnait refuge à des prêtres. Ce document signale en particulier l'Hôtel Pasquier comme suspect. En voici le texte : « Le Comité présumant que la maison Pasquier, située dans le ressort de la commune de Blois, dépendant de l'Hôtel-Dieu, renfermait des prêtres non assermentés et des papiers contre-révolutionnaires, a arrêté que le citoyen Hésine se transporterait dans cette maison, accompagné d'une force armée suffisante pour y faire une recherche exacte ».

D'autre part une pièce de l'an IV qui figure dans les registres de la commune nous permet de supposer que dans ce même quartier des « Grouets » des assemblées de fidèles se tenaient d'une façon suivie chez un nommé « Lhuillier pâtissier blésois » (que nous connaissons en effet par les registres secrets pour un bon catholique), et que des prêtres insermentés y présidaient au cours des années 1795-96.

Le 6 germinal an IV, sur la dénonciation faite à la municipalité de ces réunions qui se tenaient sans déclaration. ordre fut donné au commissaire de police de s'y transporter sans délai. avec injonction de saisir et « amener aux Carmélites, les prêtres que l'on dit y être cachés ».

Il est possible également que la 5ᵉ chapelle ait été installée dans un de ces locaux du Pont-du-Gast où nous avons vu plus haut un autel tout « monté ».

ÉPILOGUE

Telles furent les vicissitudes de la vie religieuse en notre petit coin de France, au cours de la Révolution ; et sur ce que nous avons dit, le lecteur peut désormais par lui-même juger en connaissance de cause les hommes et les choses du Temps. L'opinion et les on-dit, comme le préjugé et les idées toutes faites font ainsi place à une connaissance raisonnée et sérieuse ; c'est l'histoire vraie et vécue qui s'inaugure. Elle porte avec elle ses bienfaisantes leçons, en même temps qu'elle arrache à l'oubli mille traits héroïques, de tout point analogues à ceux que décrivent les Actes de nos Martyrs, durant les trois premiers siècles.

Ceux-ci ont fondé l'Église dans les larmes et dans le sang ; les héros de la foi, en 93, l'ont affermie par les mêmes moyens. « Nous vivons encore, disait Louis Veuillot. du froment amassé aux Catacombes ». C'est là confession pleine de gratitude d'une grande âme profonde et vibrante, et l'une de ces idées-lumière dite une fois pour toutes et pour tous : mais vraie deux fois en cette France qu'une nouvelle ère sanglante a rajeunie pour longtemps. Encore faut-il en prendre conscience et faire durer chez nous la religion de ces inoubliables souvenirs.

DOCUMENTS ANNEXES

N° I. — Le premier serment (p. 14).

Le serment de fidélité à la *Constitution civile du Clergé* prescrit par la loi du 26 décembre 1790, fut condamné à Rome comme schismatique dès mars 1791. C'est à la prestation de ce premier serment qu'est due la division du clergé en deux groupes : les *insermentés* ou non-conformistes et les *assermentés*.

Ces derniers seuls, avaient, de par les nouvelles lois, le monopole des fonctions pastorales. Elus par le suffrage populaire, curés et évêques assermentés constituèrent ainsi en France ce *clergé constitutionnel*, dont Grégoire, évêque de Loir-et-Cher, fut l'un des membres les plus marquants.

N° II. — Grégoire, évêque de Loir-et-Cher (p. 19).

Sur le refus de l'évêque de Blois, Mgr de Thémines, de prêter le serment à la Constitution, les électeurs du département furent convoqués à Blois. au début de 1791, pour lui choisir un successeur. Deux noms sortirent des urnes à plusieurs reprises sans que la pluralité des suffrages fut reconnue suffisante. Au troisième tour, le 14 février 1791, Grégoire, curé d'Emberménil et député, obtint 116 voix ; Dupont, chanoine de Saint-Aignan, 87, sur 211 votants, avec quelques voix perdues. Grégoire fut proclamé élu.

Voici le procès-verbal de sa prise de possesion, tel qu'il est enregistré dans les registres municipaux :

« Ajourd'hui dimanche, 27 mars 1791, 9 h. du matin. Nous maire, officiers municipaux et conseil général de la commune

de cette ville, accompagnés de la garde
nationale... Nous sommes rendus en la ci-
devant abbaye de Saint-Lomer de cette
ville, lieu des séances de MM. du département et de la résidence de M. Grégoire,
où étant arrivés, avons trouvé M. l'évèque, MM. les administrateurs du département, du district, tribunal du district et
juge de paix, tous réunis pour la cérémonie et invités par M. le Maire.

« De suite nous sommes rendus en la
dite église cathédrale paroissiale, où étant,
M. le Procureur général syndic, après
avoir fait lecture du procès-verbal contenant l'institution canonique et la consé-
cration de M. Grégoire, évêque de ce département, l'a requis de réitérer le serment prescrit par l'article 21 de la procla-
mation du Roy, en présence du Conseil
général de la commune, du peuple et du
clergé.

« M. Grégoire en adhérant à cette réquisition, après un discours par lui

prononcé, a dit : je fais le serment solennel de veiller avec soin sur les fidèles du
diocèse qui m'est confié, d'être fidèle à la
nation, à la loi et au roi et de maintenir
de tout mon pouvoir la constitution décrétée par l'Assemblée nationale et acceptée
par le roi.

« M. le maire a ensuite adressé un discours à M. l'évêque.

« Ce fait, M. l'évêque a célébré la
grand'messe paroissiale, est monté en
chaire après l'évangile, a fait les annonces
de la semaine et a fait lecture de sa lettre
pastorale pour tous ses diocésains, assisté
de MM. Métivier et Valon, curés de Saint-
Sauveur et de Saint-Saturnin de cette
ville, Dupont, prêtre, membre du directoire du département, Tolin, curé de Saint-
Pierre-du-Bois, et d'un grand nombre
d'ecclésiastiques, prêtres, diacres et sous-
diacres.

« La messe achevée, M. Grégoire a été
conduit dans sa maison épiscopale et mis

en possession par MM. les administrateurs
du département, du district, et nous Conseil général de la commune.

« Dont et de tout ce que ci-dessus avons
dressé le présent procès-verbal ».

N° III. — **La destinée du vieux Saint-Nicolas** (p. 25).

L'adjudication de l'ancienne église Saint-
Nicolas, comme *bien national*, eut lieu
le 16 juillet 1772, pour la somme de
6.500 francs : après quoi elle fut démolie.
Deux jours après, l'église Saint-Honoré
était adjugée pour 25.500 francs. Celle de
Saint-Martin avait été acquise par la municipalité le 1er août 1791, et rasée aussitôt.

N° IV. — **Expulsion de M. de Thémines** (p 27).

L'évêque légitime contraint de quitter
le palais épiscopal dans les jours qui précédèrent l'arrivée de l'intrus, avait pris
gîte dans une maison voisine, rue pierre

de Blois, continuant comme par le passé l'exercice de sa charge ; confirmant, ordonnant, etc., ce qui mettait ses adversaires en rage. La police, sur les dents, surveillait jour et nuit les avenues des chapelles : on voulait surtout empêcher une ordination dont parlait toute la ville. Partisans et adversaires de l'évêque s'emportaient en propos violents qui troublaient quelquefois jusqu'au foyer domestique ; les deux clergés surtout tenaient tête, chacun dans son sens : dans les communautés de religieuses, on se morfondait à la pensée d'une visite de l'intrus, et toutes les sympathies restaient à l'évêque Thémines.

Grégoire ainsi en conflit avec son émule, eut le tact de se tenir à l'écart et de se taire, sauf en ce qui concerne les chapelles et les communautés dont il entendit garder seul le gouvernement. Mais ses amis veillaient et poussèrent si loin la violence que le département dut en venir aux mesures extrêmes. Le 6 avril au club, dans une séance des plus animées, une motion fut adoptée en vue de provoquer l'expulsion de Thémines ; et au sein même de l'assemblée le procureur général syndic prit l'engagement formel de s'y employer ; ce à quoi il fut fidèle. Le lendemain il tenait parole en provoquant un arrêté d'expulsion contre l'évêque et quelques-uns des prêtres qui s'étaient mis en avant pour sa cause. Nous avons encore le procès-verbal imprimé de cette mémorable séance où je remarque certaines suppressions de noms qui figurent au registre des délibérations : Gourdet et Saulnier, par exemple.

Nº V. — **Le Comité Central** (p. 49).

On appelle ainsi le groupe néfaste qui, en 1793, mit à l'ordre du jour la Terreur dans tout le département. Trois hommes, deux surtout : Péan, de Saint-Aignan, et Fouchard, curé du diocèse, auxquels il faut adjoindre Vourgère-Lambert, parvin-

rent par leur audace insolente à tyranni-
ser tout le pays, y compris les Administrations supérieures. C'est à eux que sont
dus tous les emprisonnements de frimaire
an II et, ce qui est bien pire, le meurtre
juridique d'un grand nombre de paisibles
citoyens. Leur plus grand crime fut la mort
du prêtre Saunier, aumônier de l'Hôtel-
Dieu de Blois, dont ils dictèrent l'arrêt ;
surveillant d'ici même le tribunal révolutionnaire de Paris, et sommant Fouquier-
Tinville de requérir la mort. Cette correspondance sanguinaire existe, et rien n'en
égale la brutale férocité.

N° VI. — L'asservissement du clergé assermenté (p. 52).

La révolution avait émis à ses débuts la
prétention de relever, par la suppression
des vœux monastiques et par l'élection des
pasteurs la dignité humaine, dans ce
monde des gens d'église, et de reconstruire
l'édifice sur un plan nouveau dont la

liberté devait être une des caractéristiques.

Or, un des traits les plus saillants du nouveau régime, à mesure qu'il étend ses succès et établit son empire, c'est, tout au rebours, l'impression d'avilissement et de contrainte qui se dégage universellement des personnes et des faits.

De 1791 à 1793 on ne demandait encore au clergé que de courber la tête sous les ordres émanés du Pouvoir : et on le laissait à ses fonctions presque partout, à la condition qu'il s'y montrât dépendant. On l'obtint : et les assermentés se prêtèrent à tout : transformant la chaire en succursale, des clubs, des Comités et de l'Assemblée : n'ayant plus le sens de leur mission surnaturelle, de leur dignité et de la « délégation divine » dont ils sont investis. Les malheureux prêtres que la Révolution avait mis à la tête des paroisses laissent parfois se trahir jusque dans leur correspondance ce fléchissement du caractère :

« Citoyens et frères, écrira bientôt, par exemple, au Comité Central, Belin, curé et greffier de Cellettes, l'amour du bien général ayant été le mobile de mes actions depuis le moment de la Révolution, et profitant avec plaisir des occasions qui peuvent la faire arriver à sa fin, je vous dirai que je n'ai eu rien de plus à cœur que de publier dimanche, 14 juillet, l'extrait du Comité de salut public du département de Paris que vous nous avez envoyé. Comme pasteur je dois la soumission et l'exemple de la soumission aux lois et à tout ce qui y a rapport : et surtout parce que je n'ai nullement envie de me faire regarder comme suspect et mauvais citoyen... (Cellettes, le 18 juillet 1793).

N° VII. — La descente de police rue Chemonton (p. 68).

Le dossier L. 333 aux Archives départementales de Loir-et-Cher contient le « *Procès-verbal* de visite ordonnée par la municipalité chez les sieurs Cahier et Pasquier » du 19 février 1792. — C'est de cette pièce que sont tirés les renseignements sur le culte dans l'oratoire des vicaires de Saint-Honoré ; en cette rue Chemonton où plus tard nous retrouverons des prêtres cachés, entre autres M. Gallois (p. 87).

N° VIII. — La Terreur à Blois (p. 133).

Sur cette phase de la Révolution il n'existe encore que des études fragmentaires, les pièces d'Archives étant restées durant un siècle sous les scellés de l'Administration préfectorale.

Sans parler des incarcérations, des perquisitions tracassières, des travaux obligatoires pour la fabrication des poudres, l'extraction du salpêtre, etc., auxquels le moindre geste des proconsuls soumettait les citoyens, voici une pièce relative aux réquisitions de l'an II qui nous donnera l'idée de la douceur de vivre à l'époque, et du ton qu'affectaient les seides du Terrorisme triomphant. C'est une communication faite à l'Administration en prairial an III par un de nos compatriotes nommé Ploquin :

« Le 3 nivôse an II, raconte-t-il, le citoyen Verdier entre dans ma chambre... accompagné de deux volontaires dont l'un avait un grand sac de toile. Le citoyen Verdier me dit : frère, je viens réclamer des souliers. Où sont les tiens ? Je lui dis ils sont dans le grenier voisin. Manette fit ouvrir le grenier. Trois paires de souliers neufs aperçus sur des planches furent dans l'instant jetés par le citoyen Verdier dans le sac. J'interrompis son activité en lui disant que je n'en avais pas davantage de neufs, et que sur les 3 paires au demi-quart usées qu'il avait sous les yeux, j'en réclamais la moins bonne pour pouvoir me promener dans mon jardin, ma santé exigeant que je prisse l'air. Je lui fis observer que les pantoufles mauvaises que j'avais alors aux pieds ne pouvaient me servir au dehors. Hé bien ! mon camarade, répartit

le citoyen Verdier, fais comme moi, porte
des sabots. A quoi je répliquai què le
connaissant depuis longtemps je savais
qu'il en avait l'habitude, mais que je ne
l'avais pas encore, et qu'une paire de souliers n'était pas trop pour que je puisse la
contracter.

« Le citoyen Verdier répliqua : f... si tu
ne peux pas porter des sabots tu iras nus
pieds.

« Je sentis alors qu'il me fallait finir
toute conversation, et je me retirai dans
ma chambre. Le citoyen Verdier demanda
à Manette papier, plume et encre ; il m'a
laissé une quittance de six paires de souliers. Je vous salue fraternellement »,
Signé Ploquin.

Quant au vandalisme connu de l'époque, rien n'en saurait réparer les pertes :
orfèvreries, broderies d'art, statues anti-
ques furent enlevées aux églises et détrui-
tes. C'est alors que les dix grandes statues
du portail de Saint-Lomer ont disparu

dans une crise de fureur populaire, probablement en frimaire an II. Seule la
Madeleine trouva grâce devant le district.
Quant au *Peridexion* du portique où sont
symbolisées par deux oiseaux la joie et la
sécurité chrétienne sur l'arbre de vie, il
dut son salut à l'ignorance des démolisseurs.

Nº IX. — Reliques de Sainte-Candide
(p. 195).

Les reliques de sainte Candide et celles
de saint Vital sont deux corps saints tirés
des Catacombes au XVIIe siècle et envoyés aux Minimes de Blois. Les osse-
ments de saint Vital sont à l'Evêché et
ceux de sainte Candide dans la grande
chasse oblongue à Saint-Lomer depuis le
jour où Grégoire en a fait la translation.

Dans la chasse même est conservé le
procès-verbal de reconnaissance de ces
reliques par Mgr du Parc, daté du 3 mai
1856, dans lequel il déclare avoir « eu
sous les yeux les pièces établissant qu'elles

sont depuis 1655 à Blois, et proviennent du cimetière de Sainte-Cyriaque ».

Le nom de l'évêque qui les envoya aux Minimes, à la date du 12 avril 1655 : « Marcellus Ananias, episcopus sutrinus et nepesinus » y est pareillement cité : ce qui manquait au texte que j'ai lu dans l'inventaire du couvent.

Note additionnelle

A la dernière heure j'apprends que la cause du vénérable serviteur de Dieu Joseph Saunier dont il a été parlé au cours de cette Notice (Cf. p. 276 et passim) est en ce moment introduite en Cour de Rome, avec celle d'un groupe de victimes immolées comme lui sur l'Echafaud révolutionnaire durant la Terreur.

Il fut dans les Prisons de la Capitale l'ami et le conseiller du jeune Bimbenet (dont nous avons raconté la fin héroïque), et l'employa plusieurs fois à ses travaux apostoliques.

E. J).

TABLE DES MATIÈRES